William MacDonald

Die Gnade Gottes

clv
Christliche
Literatur-Verbreitung e. V.
Postfach 1803 · 4800 Bielefeld 1

1. Auflage 1988
2. Auflage 1991

Originaltitel: The grace of God

by CLV · Christliche Literatur-Verbreitung
Postfach 1803 · 4800 Bielefeld 1
Umschlag: Dieter Otten, Gummersbach
Satz: Typoservice, Bielefeld
Druck und Bindung: Ebner Ulm

ISBN 3-89397-119-X

Inhaltsverzeichnis

Die Gnade Gottes

Nehmen wir einmal an, du hast einen sechs Jahre alten Sohn. Dieser, dein einziges Kind, ist die ganze Freude und Wonne deines Lebens. Und nun wird es plötzlich vor deinen Augen auf grausame Weise ermordet. Welche Gesinnung würdest du dem niederträchtigen Mörder entgegenbringen?

Wenn du jetzt alles in deiner Macht Stehende aufwenden würdest, um den abscheulichen Verbrecher für seine Bluttat zu töten, wäre das ein Akt der *Rache.*

Wenn du aber von deiner eigenen Vergeltung zurückstehst und der Mörder von einem ordentlichen Gericht verurteilt werden würde, wäre das ein Akt der *Gerechtigkeit.*

Wenn du jedoch dem Mörder alles verzeihst, ihn sogar einlädst, fortan mit dir in deinem Haushalt zu leben und du ihn darüber hinaus sogar noch an Kindes Statt annehmen würdest, wäre dies ein Akt der *Gnade.*

Ja, aber nun magst du vielleicht einwenden, daß diese Illustration doch etwas aus der Luft gegriffen ist, daß sie zu weit entfernt ist von der Wirklichkeit des Lebens.

Deshalb wollen wir ein anderes Beispiel nehmen. Nehmen wir einmal an, du bist Gott gegenüber schuldig geworden und Gottes Gesetz verdammt dich dieser Sünde wegen in den Abgrund der Hölle. Wenn Gott nun die Verurteilung zuließe, könntest du dich nicht beschweren, da du genau das erhalten würdest, was du verdient hättest.

Was würdest du aber denken, wenn Gott seinen einzigen Sohn senden würde, um als Stellvertreter an deiner Stelle zu sterben, um durch Seinen Tod die Schuld deiner Sünden zu sühnen? Was würdest du denken, wenn Gott dir ewiges Leben anbieten würde – völlig umsonst – als ein freies Geschenk dafür, daß du seinen Sohn als deinen „Sündenträger" annimmst? Und was würdest du erst denken, wenn der König aller Könige, der Herr des ganzen Universums sich anböte, dich sogar als einen Sohn zu sich zu erheben, dich heimzuholen in das himmlische Vaterhaus, um dort in alle Ewigkeit mit dir zu leben?

Wie würdest du so etwas nennen? Es gibt nur ein Wort, um eine solche Handlungsweise zu beschreiben: *Gnade!*

Und eben genau das ist es, was Gott tut. Diese Illustration ist eine eindringliche und gültige, denn sie entspricht den Tatsachen. Gott erweist gottlosen Sündern, die an Seinen Sohn, den Herrn Jesus glauben, unvergleichliche und unbegrenzte Gnade!

Um besser zu verstehen, was mit der Gnade Gottes gemeint ist, wollen wir zunächst fünf einfache Feststellungen treffen und sie dann anschließend genauer erklären:

1. *Gnade ist unverdientes Erbarmen Gottes gegenüber Sündern, die genau das Gegenteil verdienen.*

2. *Gottes Gnade bietet allen, die ihr Vertrauen auf Jesus Christus setzen, ewige Erlösung an – umsonst – als ein freies Geschenk.*

3. *Gott ist in der Lage, Sündern auf diese Weise Gnade zu*

erweisen, weil der Herr Jesus am Kreuz von Golgatha als Stellvertreter Sein Leben für sie dahingegeben hat.

4. *Gnade kann nicht verdient, selbst errungen oder käuflich erworben werden – weder ganz noch teilweise.*

5. *Die Gnade Gottes ist grenzenlos.*

Zuerst: *Gnade ist unverdientes Erbarmen Gottes gegenüber Sündern, die genau das Gegenteil verdienen.*

Diese Tatsache ist sehr wichtig; denn der Mensch verdient nicht, von seiten Gottes wohlwollend behandelt zu werden. In ihm ist nichts, das Gott veranlassen könnte, ihm Gnade zu erweisen. Er hat keinerlei Rechtsansprüche gegenüber dem Schöpfer des Himmels und der Erde. Wenn es Gott dennoch gefällt, den Menschenkindern in Gnade zu begegnen, dann liegt die Veranlassung dafür nicht im Menschen, sondern ausschließlich in Ihm, dem Allmächtigen.

Die Gnade Gottes wird *Sündern* entgegengebracht. Beachte dies besonders! Nicht guten Leuten, aufrechten Menschen, sittlich besonders hochstehenden Personen – sondern Sündern!

Es ist geradezu das Wesen der Gnade, daß sie von Gottes Herzen stets zu dem Gottlosen herabfließt. Sie kann sich nur dort betätigen, wo es schuldige und verdammungswürdige Sünder gibt. „Gnade hält nicht Ausschau nach selbstgerechten Menschen, um sie als gut herauszustellen, sie sucht vielmehr schuldige, verdammungswürdige, verlorene, halt- und hilflose Menschen, damit sie errettet, geheiligt und zur Herrlichkeit gebracht würden" – C.I. Scofield.

Sünder haben ihrem Wesen nach kein Anrecht auf Gottes Gnade. Sie verdienten nämlich genau das Gegenteil, denn „der Lohn der Sünde ist der Tod“ (Römer 6,23). Nach dem Maßstab der göttlichen Gerechtigkeit müßte ein Sünder für seine Sünden sterben und die Ewigkeit in der Hölle verbringen. Gottes Gnade bedeutet also Güte und Erbarmen gegenüber solchen, die als Strafe ewige Verbannung weg von Seinem heiligen Angesicht verdient hätten.

Die zweite Tatsache, die wir uns vor Augen halten wollen, ist diese: *Gottes Gnade bietet allen, die ihr Vertrauen auf Jesus Christus setzen, ewige Erlösung an – umsonst – als ein freies Geschenk.*

Erlösung bedeutet Befreiung von der Strafe und der Knechtschaft der Sünde in diesem jetzigen Leben sowie eine vollkommene Befreiung von der bloßen Gegenwart der Sünde im zukünftigen Leben.

Gott bietet die Erlösung als eine freie Gabe an – völlig umsonst! Das heißt, daß dies Angebot nicht von Bezahlung und Verdiensten spricht. Nur ein Annehmen und Empfangen aus der Hand des Gebers fordert es von dem Beschenkten.

Um diese wunderbare Gabe der Gnade Gottes zu empfangen, muß der Sünder sich einfach im Glauben dem Herrn Jesus anvertrauen. Er nimmt den Sohn Gottes als seinen Stellvertreter an und legt das ewige Wohlergehen seines Geistes, seiner Seele und seines Lebens in Seine Hände. Im Glauben daran, daß Christus für ihn auf Golgatha starb, nimmt er den Herrn Jesus als Gottes einzigen Weg zur Errettung an. Und in dem Augenblick, wo er dies tut, ist er durch die Gnade Gottes errettet!

Dies führt uns zu unserem dritten Punkt: *Gott ist in der Lage, Sündern auf diese Weise Gnade zu erweisen, weil der Herr Jesus am Kreuz von Golgatha als Stellvertreter Sein Leben für sie dahingegeben hat.*

Gott wäre nicht gerecht, wenn Er die Sünde des Menschen einfach übersehen würde, wenn Er ein Auge zudrücken oder sie gar noch entschuldigen würde. Die Heiligkeit Gottes verlangt vielmehr, daß Sünde bestraft werden muß. Wenn der Mensch die Strafe für seine Sünden jedoch selbst bezahlen müßte, so wäre er auf ewig verloren.

Wie kann nun Gott den Sünder, den Er liebt, erretten und trotzdem Seinen eigenen Gesetzen gegenüber treu bleiben? Die Antwort liegt darin, daß Er Seinen Sohn, der ohne jegliche Sünde war, in diese Welt gesandt hat, um stellvertretend für unsere Sünden zu sterben. Der Herr Jesus bezahlte den Preis, den wir hätten bezahlen müssen. Er hat unsere Sündenschuld auf sich geladen. Er starb den Tod, den wir verdienten!

Jetzt, nachdem alle Ansprüche der göttlichen Gerechtigkeit vollkommen erfüllt worden sind, kann Gott all denen ewiges Leben schenken, die Seinen Sohn als ihren Herrn und Heiland annehmen.

Der Tod und die Auferstehung des Herrn Jesus geben Gott die gerechte Grundlage, auf der Er gottlose Sünder erretten kann, wenn sie errettet werden möchten.

Damit kommen wir zum vierten Punkt: *Gnade kann nicht verdient, selbst errungen oder käuflich erworben werden – weder ganz noch teilweise.* Darum stellt auch die Bibel den Gegensatz zwischen Gnade auf der einen Seite, sowie

Gesetz, eigenen Werken und Schuldigkeit auf der anderen stets so deutlich heraus.

Unter dem Gesetz empfängt ein Mensch, was er gerechterweise verdient. So versprachen zum Beispiel die Zehn Gebote denen, die sie befolgten, fortdauerndes Leben auf dieser Erde; denen, die nicht gehorchen würden, dagegen den Tod.

Bei den eigenen Verdiensten geht es darum, daß man als Ausgleich für geleistete Dienste Lohn erhält. Dazu ist man gerechterweise berechtigt; man hat den Lohn verdient.

Ähnlich verhält es sich im täglichen Leben auch mit der Schuldigkeit: Eine Person schuldet einer anderen etwas als Ausgleich für geleistete Dienste.

Gnade ist jedoch das genaue Gegenteil! Gott rettet nicht diejenigen, die das Gesetz halten. Wenn jemand die Zehn Gebote vollkommen halten könnte, hätte er nämlich gar nicht nötig, errettet zu werden. Gnade aber beugt sich zu jenen herab, die das Gesetz gebrochen haben, die deshalb am Rande der Hölle stehen, und errettet sie.

Die Erlösung ist auch keine Belohnung für Menschen, die gute Werke vollbringen. Sie ist vielmehr für denjenigen, der einsieht, daß er sich das Heil Gottes nicht aus eigenen Anstrengungen heraus erwirken kann und deshalb an den glaubt, der den Gottlosen rechtfertigt (Römer 4,4.5).

Ebensowenig ist die Erlösung eine Verbindlichkeit, die Gott den Menschen schuldet, weil sie ein „anständiges" Leben führen. Sie ist hingegen Gütigkeit und Erbarmen gegenüber Sündern, die die Hölle verdient haben.

Zu versuchen, sich das Heil aus eigenem Bemühen heraus zu verdienen, wäre eine grobe Beleidigung des Gebers. Stelle dir vor: Der Präsident der Vereinigten Staaten lädt dich zu einem Bankett ins Weiße Haus. Du wirst an die mit den erlesensten Speisen überladene Tafel gesetzt. Man gibt sich jede erdenkliche Mühe, um dir den schönsten Abend deines Lebens zu bereiten. Am Ende dieses so erlebnisreichen Besuches erhebt sich dann der Gastgeber, um dich an der Tür persönlich zu verabschieden.

Drückst du nun etwa beim Weggehen ein Zehnpfennigstück in die Hand des Präsidenten und sprichst: „Ganz herzlichen Dank für Ihre Gütigkeit! Der Abend hat mir wirklich ausgezeichnet gefallen. Ich bin mir aber auch bewußt, daß Sie dies eine ganze Menge Geld gekostet haben muß. Aus diesem Grunde möchte ich Ihnen helfen, für die Kosten der Mahlzeit aufzukommen"?

Wäre dies die richtige Antwort auf seine Güte? Nein, im Gegenteil, dies wäre eine ungezogene, beleidigende Geste. Genauso wäre es aber auch in bezug auf die Gnade Gottes. Sich Gottes freie Gabe der Erlösung durch eigene Bemühungen erkaufen zu wollen, wäre eine grobe Beleidigung des Einen, der sie anbietet.

In dem Augenblick, wo eigene Verdienste oder Bedingungen hinzugefügt werden, hört nämlich Gnade auf, Gnade zu sein. „Wenn aber durch Gnade, so nicht mehr aus Werken; sonst ist die Gnade nicht mehr Gnade" (Römer 11,6).

Und nun zu unserem letzten Punkt: *Die Gnade Gottes ist grenzenlos, unendlich!*

Denk an den Preis, den Gott zu bezahlen bereit war, um deine und meine schuldbeladene Seele zu erretten! Er gab Seinen einzigen Sohn für uns dahin in den Tod. Niemand – außer Gott – hätte so etwas getan. Denk auch an die Personen, die Er errettet! Die hartgesottensten Sünder, Dirnen, Ehebrecher, Hurer, Lügner, Betrüger, Mörder, Spötter, Atheisten und religiösen Heuchler. Keiner ist zu unwürdig, zu ruchlos, um nicht von der Gnade Gottes erreicht und errettet werden zu können.

Denke nur an Seine Geduld! Jahrhundertelang wurde Er beleidigt und verworfen. Seine Boten wurden verfolgt und gesteinigt. Sein vielgeliebter Sohn, die ganze Freude und Wonne Seines Herzens, wurde am Fluchholz des Kreuzes grausam geschlachtet. Doch wo die Sünde überströmend wurde, da ist die Gnade noch überströmender geworden. Und noch immer sendet Er die frohe Botschaft des Heils in alle Welt hinaus: „Glaube an den Herrn Jesus Christus, und du wirst errettet werden, du und dein Haus!" (Apostelgeschichte 16,31).

Denke an die Stellung, zu der Er den gläubig gewordenen Sünder erhebt! Er macht ihn zu einem Kind Gottes, zu einem Erben des Königs aller Könige und zu einem Miterben Jesu Christi. Er errettet ihn von Sünde, Tod und Hölle und bereitet ihm eine Stätte im Himmel, um dort auf ewig bei Christus zu sein, Ihm gleich!

Kein Wunder, daß die Gnade Gottes zu einem hellen Licht wurde für Dichter und Künstler, Fürsten und Bauern, Märtyrer und sterbende Räuber. Sie ist wahrhaftig das größte aller Themen!

Die Größe Gottes

„Eure Gedanken über Gott sind zu menschlich“ – Martin Luther.

Wenn wir von Gott wie von einem menschlichen Wesen aus Fleisch und Blut denken, werden wir Seine Gnade nicht besonders hoch schätzen. Wenn wir jedoch groß denken von dem Allmächtigen, dann erscheint es uns überaus wunderbar, daß Er sogar bereit war, Seinen Sohn zu senden, um für uns zu sterben. Je mehr uns die Größe und Erhabenheit Seiner Person bewußt wird, desto mehr werden wir Ihn anbetend preisen als den Gott aller Gnade.

Im Anschauen Seiner Erhabenheit wollen wir uns zuerst daran erinnern, daß Gott nie geschaffen wurde. Er ist der Schöpfer aller Dinge; doch Er selbst ist ohne Anfang und ohne Ende. Er ist der Gott der Ewigkeiten (5. Mose 33,27).

Er ist einzig in Seiner Erhabenheit. Da ist keiner, der Ihm gleich wäre. „Wer ist dir gleich unter den Göttern, Herr? Wer ist wie du, herrlich an Majestät, furchtbar an Ruhmestaten, ein Wundertäter?“ (2. Mose 15,11).

Er ist so hoch erhaben über der Erde, daß Menschen, die uns sehr bedeutend vorkommen, wie ein Nichts sind vor Seinem Angesicht. „Er ist es, der da thront über dem Kreise der Erde, und ihre Bewohner sind wie Heuschrecken; der die Himmel ausgespannt hat wie einen Flor, und sie ausgebreitet wie ein Zelt zum Wohnen; der die Fürsten zu nichts macht und die Herrscher der Erde in Nichtigkeit verwandelt“ (Jesaja 40,22.23).

Sogar die Nationen der Welt sind vor Ihm völlig unbedeutend. „Siehe, Nationen sind geachtet wie ein Tropfen am Eimer und wie ein Sandkorn auf der Waagschale. Siehe, Inseln sind wie ein Stäubchen, das emporschwebt .... Alle Nationen sind wie nichts vor ihm und werden von ihm geachtet wie Nichtigkeit und Leere“ (Jesaja 40,15.17).

Er ist der „selige und alleinige Machthaber, der König der Könige und der Herr der Herren, der allein Unsterblichkeit hat, der ein unzugängliches Licht bewohnt, den keiner der Menschen gesehen hat noch sehen kann, welchem Ehre sei und ewige Macht! Amen“ (1. Timotheus 6,15.16).

Ja, in der Tat, Er ist aller Verehrung, aller Huldigung und aller Anbetung würdig. Er ist einzigartig in Seiner Majestät, einzig in Seiner Vortrefflichkeit und unvergleichlich in Seiner Vollkommenheit. Er trägt alles durch Seine Macht und ist selbst unabhängig von allem. Er gibt allen in Fülle, aber niemand kann Ihm etwas hinzufügen oder -schenken (Apostelgeschichte 17,25).

Er benötigt nichts und niemanden außerhalb Seiner Person. In Sich Selbst steht Ihm alles zur Verfügung, was Er je nötig haben könnte zu Seiner vollkommenen Freude und Befriedigung. Er ist von allem und von allen vollkommen unabhängig.

Es ist auch nicht möglich, daß Er von irgendeinem Seiner Geschöpfe unter eine Verpflichtung gestellt werden könnte. Er schuldet keinem Menschen etwas, noch kann ein Mensch irgend etwas für Gott tun, das den Allmächtigen zu seinem Schuldner werden ließe. Wenn Gott irgend etwas für Seine Geschöpfe tut, dann geschieht das aus reiner Gnade. „Denn wer hat ihm zuvor gegeben, und es wird ihm vergolten werden? Denn von ihm und durch ihn und für ihn sind alle Dinge; ihm sei die Herrlichkeit in Ewigkeit! Amen" (Römer 11,35.36).

Gottes Weisheit ist unergründlich. Es gibt nichts, das Er nicht wüßte, weder in der Vergangenheit noch in der Gegenwart noch in der Zukunft. „An euch aber sind selbst die Haare des Hauptes alle gezählt" (Matthäus 10,30). „Werden nicht fünf Sperlinge um zwei Pfennig verkauft? und nicht einer von ihnen ist vor Gott vergessen" (Lukas 12,6). Niemand hat Ihn jemals belehrt oder beraten. „Wer hat den Geist des Herrn gelenkt, und wer, als sein Ratgeber, ihn unterwiesen? Mit wem beriet er sich, daß er ihm Verstand gegeben und ihn belehrt hätte über den Pfad des Rechts, und ihn Erkenntnis gelehrt und ihm den Weg der Einsicht kundgemacht hätte?" (Jesaja 40,13.14). „O Tiefe des Reichtums, sowohl der Weisheit als auch der Erkenntnis Gottes! Wie unausforschlich sind seine Gerichte und unausspürbar seine Wege! Denn wer hat des Herrn Sinn erkannt, oder wer ist sein Mitberater gewesen?" (Römer 11,33.34).

Vor Gott kann nichts verborgen werden: „Kein Geschöpf ist vor ihm unsichtbar, sondern alles bloß und aufgedeckt vor den Augen dessen, mit dem wir es zu tun haben" (Hebräer 4,13). „Du Gott siehst mich" (1. Mose 16,13).

Nichts wird von Gott vergessen – außer dem, was Er bewußt vergessen will; nämlich die Sünden derer, die sich Jesus anvertrauten: „Denn ich werde ihren Ungerechtigkeiten gnädig sein, und ihrer Sünden und ihrer Gesetzlosigkeiten werde ich nie mehr gedenken" (Hebräer 8,12).

Gott ist über allem. „Gepriesen seist du, Herr, Gott unseres Vaters Israel, von Ewigkeit zu Ewigkeit! Dein, o Herr, ist die Größe und die Stärke und der Ruhm und der Glanz und die Pracht; denn alles im Himmel und auf Erden ist dein! Dein, Herr, ist das Königreich, und du bist über alles doch erhaben als Haupt; und Reichtum und Ehre kommen von dir, und du bist Herrscher über alles; und in deiner Hand sind Macht und Stärke, und in deiner Hand ist es, alles groß und stark zu machen" (1. Chronika 29,11.12). „Herr, Gott unserer Väter, bist du es nicht, der da Gott im Himmel ist, und bist du nicht der Herrscher über alle Königreiche der Nationen? Und in deiner Hand ist Kraft und Macht; und niemand vermag gegen dich zu bestehen" (2. Chronika 20,6).

Gott ist der unumschränkte Herr über alles, was Er geschaffen hat. „Alles, was dem Herrn wohlgefällt, tut er in den Himmeln und auf der Erde, in den Meeren und in allen Tiefen" (Psalm 135,6). Er wirkt, was Ihm gefällt (Psalm 115,3). Niemand hat das Recht, Seine Beweggründe oder Seine Handlungen in Frage zu stellen. „Nach seinem Willen tut er mit dem Heere des Himmels und mit den Bewohnern der Erde; und da ist niemand, der seiner Hand wehren und zu ihm sagen könnte: Was tust du?" (Daniel 4,35). Es gibt keinen Grund zur Beschwerde gegenüber Gott, der irgendwelche Gültigkeit besitzen könnte, denn alles, was Er tut, ist gerecht und richtig. Über die höchste Kreatur unendlich erhaben, ist Er der Allerhöchste, der Herr der Himmel und der Erde. Niemandem unterworfen, von niemandem beeinflußt, vollkommen unabhängig, wirkt Gott, wie es Ihm gefällt, wann es Ihm gefällt und wo es Ihm gefällt. Keiner kann Seine Pläne vereiteln, keiner Ihn hindern.

Gott ändert sich nie. „Auch lügt das Vertrauen Israels nicht, und er bereut nicht; denn nicht ein Mensch ist er, um zu bereuen“ (1. Samuel 15,29). Er kann nicht von seinen Versprechungen zurücktreten. „Nicht ein Mensch ist Gott, der er lüge, noch ein Menschensohn, daß er bereue. Sollte er gesprochen haben und es nicht tun, und geredet haben und es nicht aufrecht halten?“(4. Mose 23,19). „Denn ich, der Herr, ich verändere mich nicht . . .“ (Maleachi 3,6). „Bei welchem keine Veränderung ist, noch eines Wechsels Schatten“ (Jakobus 1,17).

Gott ist absolut heilig. Er haßt die Sünde. Er kann sie weder billigen noch unbestraft durchgehen lassen. „Gott ist Licht, und es ist keine Finsternis in ihm“ (1. Johannes 1,5). „Heilig, heilig, heilig ist der Herr der Heerscharen, die ganze Erde ist voll seiner Herrlichkeit“ (Jesaja 6,3). „Du bist zu rein von Augen, um Böses zu sehen, und Mühsal vermagst du nicht anzuschauen“ (Habakuk 1,13). Die unaussprechliche Heiligkeit Gottes wird am besten sichtbar in der Behandlung der Sünde am Kreuz von Golgatha. Hier ging es nicht um einen Sünder, der für seine eigenen Sünden starb, hier handelte es sich vielmehr um den sündlosen Sohn Gottes, der für die Sünden anderer starb. Wir wissen, daß Gott Seinen Zorn über alle ausgießen muß, die gesündigt haben. Welche Haltung würde Er aber einnehmen, wenn Sein eigener Sohn die Sünden anderer auf sich laden würde? Würde Er den Sohn Seiner Liebe strafen? Wir wissen um die Antwort. Gottes Heiligkeit ist so groß, daß Er den Herrn Jesus verlassen mußte während jener drei Stunden, als der Erlöser als Stellvertreter für Sünder starb. Wer von uns könnte die Tiefe solch einer Heiligkeit ermessen?

Gottes Größe zeigt sich auch in der Tatsache, daß Er allmächtig ist. „Die Stärke ist Gottes“ (Psalm 62,11). Seine Macht offenbart sich in der Schöpfung. So gewaltig sind die Sternenhimmel über uns, daß kein Mensch ihr Maß kennt. „Wenn ich anschaue deinen Himmel, deiner Finger Werk, den Mond und die Sterne, die du bereitet hast: Was ist der Mensch, daß du sein gedenkst und des Menschen Sohn, daß du auf ihn achthast?“ (Psalm 8,3.4). Gottes Macht ist auch darin erkennbar, wie Er das ganze Universum durch das Wort Seiner Macht trägt – die Planeten, die Menschen, die Tier- und die Pflanzenwelt – alles wird von Ihm erhalten. Die herrlichste Entfaltung der Macht Gottes aber wurde in der Auferweckung des Herrn Jesus sichtbar: „. . . nach der Wirksamkeit der Macht seiner Stärke, in welcher er gewirkt hat in dem Christus, indem er ihn aus den Toten auferweckte“ (Epheser 1,19.20).

Gott ist treu (1. Korinther 1,9). Er kann nicht zurücknehmen, was Er versprochen hat. Diejenigen, die ihr Vertrauen auf Ihn setzen, gehen kein Risiko ein, jemals enttäuscht zu werden. Es ist tatsächlich unmöglich, an Ihn zu glauben und dies dann jemals zu bereuen, da Er treu zu Seinem Worte steht: „. . . deine Barmherzigkeit hat noch kein Ende; sie ist alle Morgen neu, deine Treue ist groß“ (Klagelieder 3,22.23).

Gott ist gütig (Nahum 1,7). Seine Gütigkeit umfaßt alle. Selbst wenn Er erlaubt hätte, daß alle Menschen in ihren Sünden umkommen, so hätte dies Seiner Gütigkeit keinen Abbruch getan. „Ist es mir nicht erlaubt, mit den Meinigen zu tun, was ich will? Blickt dein Auge böse, weil ich gütig bin?“ (Matthäus 20,15).

Gott ist geduldig und langmütig (Römer 2,4). Er erduldet

die Angriffe der Ungläubigen und Spötter, erweist Gutes für Böses.

Gott ist barmherzig. „Denn deine Güte reicht, soweit der Himmel ist, und deine Wahrheit, soweit die Wolken gehen“ (Psalm 57,10). „Denn so hoch der Himmel über der Erde ist, läßt er seine Gnade walten über die, so ihn fürchten“ (Psalm 103,11).

Gottes Liebe ist unendlich (Epheser 3,18.19). Sie hat keine Grenzen, weder in der Breite noch in der Länge, weder in der Höhe noch in der Tiefe. Seine Liebe ist bereit, die allergrößten Kosten zu bezahlen. Am Kreuz von Golgatha lernten wir am völligsten: „Gott ist Liebe.“ Seine Liebe ist unparteiisch, allumfassend und selbstlos. Nichts kann jemals Sein Volk von Seiner Liebe trennen. „Wer wird uns scheiden von der Liebe Christi? Drangsal oder Angst oder Verfolgung oder Hungersnot oder Blöße oder Gefahr oder Schwert? . . . Denn ich bin überzeugt, daß weder Tod noch Leben, weder Engel noch Fürstentümer, weder Gegenwärtiges noch Zukünftiges, noch Gewalten, weder Höhe noch Tiefe, noch irgendein anderes Geschöpf uns zu scheiden vermögen wird von der Liebe Gottes, die in Christo Jesu ist, unserem Herrn“ (Römer 8,35-39).

Gott ist so groß, daß Seine Erhabenheit von Seinen Geschöpfen nie völlig erfaßt werden kann. „Kannst du die Tiefe Gottes erreichen oder das Wesen des Allmächtigen ergründen? Himmelhoch sind sie . . . tiefer als die Unterwelt . . . länger als die Erde ist ihr Maß und breiter als das Meer“ (Hiob 11,7-9).

Gott ist größer, als unser Geist und unsere Gedanken es je fassen könnten. „Seine Größe ist unvorstellbar . . . Er ist erhabener als alle Sprache; keine Aussage vermag seine Größe in Worte zu fassen. Er ist ein Wesen, dessen Eigenschaften und Majestät weit jenseits unseres kühnsten Vorstellungsvermögens liegen" – Novatian.

Das Wunder aller Wunder aber ist, daß ein solch großer Gott sich jemals so sehr über sündige Männer und Frauen erbarmen konnte, daß Er Seinen einzigen Sohn sandte, um an ihrer Stelle zu leiden, zu bluten und zu sterben!

Wo ist ein solcher Gott wie Du –
voll Langmut, Macht und Gnade!
Führst Sünder ein in Deine Ruh
von des Verderbens Pfade.
Durchdrangst mit Macht
der Sünde Nacht,
gabst hin den Eingebornen
zur Rettung der Verlornen.

Wo ist ein solcher Gott wie Du,
wer kann Dein Lieben fassen!
Für Deine Feinde ließest Du
den Sohn im Tod erblassen.
Gerechtigkeit ward unser Kleid;
Errettung, Licht und Leben
ward uns im Sohn gegeben.

Die Sündhaftigkeit des Menschen

Um die Gnade Gottes besser zu schätzen, benötigen wir nicht nur ein Bewußtsein von der Größe und Erhabenheit Gottes, sondern auch ein Empfinden für die Sündhaftigkeit des Menschen. So wie unsere Gedanken über Gott stets zu menschlich ausfallen, so stellen wir den Menschen in unseren Gedanken auf eine geradezu göttliche Ebene.

Die Bibel malt ein sehr düsteres Bild vom Menschen. Und wenn wir ehrlich sind, müssen wir zugeben, daß dieses Bild leider der Wahrheit entspricht.

Der Mensch ist ein von Gott losgelöster Sünder. Er ist ein Sünder seit seiner Geburt: „Abgewichen . . . von Mutterschoße an . . . “ Er irrt von Geburt an und spricht Lügen (Psalm 58,3 bzw. 4). In seiner Kindheit muß man ihm nicht etwa erst beibringen, Böses zu tun. Dies geschieht ganz von selbst: „Torheit steckt dem Knaben im Herzen“ (Sprüche 22,15). Er muß ein ganzes Leben lang belehrt werden, richtig und gerecht zu handeln.

Der Mensch ist von Natur aus ein Sünder und handelt dementsprechend im täglichen Leben. „Alle haben gesündigt und erreichen nicht die Herrlichkeit Gottes“ (Römer 3,23). Sowohl das, was er in sich selbst ist, als auch das, was er tut, ist gleichermaßen von der Sünde verdorben. Doch das, was er seinem Wesen nach in sich schon ist, ist weitaus schlimmer als alles, was er jemals an Schlechtigkeit verübt. In seinem Herzen verbirgt sich ein Abgrund der Verdorbenheit und der Ungerechtigkeit.

Sein innerstes Gedankenleben könnte nicht bloßgestellt werden: „Denn aus dem Herzen kommen hervor böse Gedanken, Mord, Ehebruch, Hurerei, Dieberei, falsche Zeugnisse, Lästerungen“ (Matthäus 15,19). Ein Bericht mit seinen geheimsten Gedanken und Regungen könnte in keinem Buch veröffentlicht werden; dies würde gegen die Zensur verstoßen. Er würde sich schämen, auch nur eine einzige Stunde mit einem Plakat am Halse herumzulaufen, das seine schmutzigsten Gedanken während der vergangenen Woche öffentlich verkündigen würde.

Durch die Jahrhunderte hindurch haben Menschen gemeine Gedanken an die Wände öffentlicher Gebäude geschrieben, die die tiefe Verdorbenheit ihres Herzens offenbaren.

Es besteht eine weite Kluft zwischen dem, was der Mensch ist und dem, was er vor den Augen anderer zu sein vorgibt. Er möchte nicht, daß seine Mitmenschen wissen, wer er in Wirklichkeit ist. So setzt er eine Maske auf. Er ist ein Heuchler!

Jemand hat gesagt, daß der Mensch in Wirklichkeit das ist, was er im Dunkeln ist, wenn keiner ihn sieht. Und Gott urteilt: „Die Menschen haben die Finsternis mehr geliebt als das Licht, denn ihre Werke waren böse“ (Johannes 3,19).

Sobald der Mensch bei anderen Fehler, Versagen oder Sünde sieht, erscheint ihm dies sehr empörend und abstoßend. Wenn er jedoch genau dieselbe Sünde begeht, dann dünkt ihm dies nicht halb so schlimm. „Denkst du aber dies, o Mensch, der du die richtest, die solches tun, und verübst dasselbe, daß du dem Gericht Gottes entfliehen werdest?“ (Römer 2,3).

Und unter dieser Schuld der Sünde steht die gesamte Menschheit; alle, die von irdischen Eltern abstammen: „Da ist kein Gerechter, auch nicht einer; da ist keiner, der verständig sei; da ist keiner, der Gott suche. Alle sind abgewichen, sie sind allesamt untauglich geworden; da ist keiner, der Gutes tue, da ist auch nicht einer“ (Römer 3,10-13).

Die Sünde hat nicht nur die ganze Menschheit befallen, sie hat auch auf jeden Teil des menschlichen Wesens übergegriffen: Zunge, Lippen, Mund, Füße und Augen. „Ihr Schlund ist ein offenes Grab; mit ihren Zungen handelten sie trüglich. Otterngift ist unter ihren Lippen. Ihr Mund ist voll Fluchens und Bitterkeit. Ihre Füße sind schnell, Blut zu vergießen; Verwüstung und Elend ist auf ihren Wegen, und den Weg des Friedens haben sie nicht erkannt. Es ist keine Furcht Gottes vor ihren Augen“ (Römer 3,13-18).

Der Mensch sündigt gegenüber Gott, gegenüber seinen Mitmenschen und auch gegen sich selbst.

Anstatt daß er Gott verherrlicht und anbetet, beleidigt er Ihn, indem er sich Götzenbilder schafft und sich davor niederbeugt. „Sie tauschten die Herrlichkeit des ewigen Gottes gegen bloße Bilder von sterblichen Menschen, Vögeln und allen möglichen anderen Tieren“ (Römer 1,23). Der Mensch flucht Gott, anstatt Ihm für Nahrung, Bekleidung und Wohnung dankbar zu sein. Er schwört nicht etwa beim Namen von Päpsten, Präsidenten oder Königen, sondern mißbraucht den Namen des Herrn, seines Gottes (2. Mose 20,7). Er hegt gegenüber Gott dauernd Gefühle der Feindschaft, anstatt Ihn von Herzen zu lieben. Er ist glücklich, wenn Er Gott vergessen kann und wird traurig, wenn er sich seiner erinnert.

Doch der Mensch sündigt nicht nur gegenüber Gott; er sündigt auch gegenüber seinen Mitmenschen. Nicht nur, daß er sich in widerliche Vergnügungen stürzt, sondern er ermuntert auch noch andere, dasselbe zu tun: „. . . die, wiewohl sie Gottes gerechtes Urteil erkennen, daß, die solches tun, des Todes würdig sind, es nicht allein ausüben, sondern auch Wohlgefallen an denen haben, die es tun" (Römer 1,32). „Denn sie schlafen nicht, wenn sie nichts Böses getan, und ihr Schlaf wird ihnen geraubt, wenn sie nicht Schaden getan haben" (Sprüche 4,16).

Der Mensch ist egoistisch. Zuerst denkt er stets an sich. Er muß seinen Eigenwillen durchsetzen. Um seine Leidenschaften und Lüste zu befriedigen, ruiniert er andere durch Ehebruch, Hurerei und andere Formen schändlichen Verhaltens.

Er erfindet Lügen, um seine Pläne voranzutreiben. Es ist keinerlei Verlaß auf ihn. „Lasset ab von dem Menschen, in dessen Nase nur ein Odem ist! denn wofür ist er zu achten?" (Jesaja 2,22). „Verflucht ist der Mann, der auf den Menschen vertraut . . ." (Jeremia 17,5).

Er freut sich, wenn anderen Unglück widerfährt – freut sich, daß es ihn nicht getroffen hat.

Seinen Zorn und Groll läßt er an seinem Nächsten aus. Er beneidet diejenigen, die mehr haben als er und stiehlt, um sich an fremdem Eigentum zu bereichern.

Und was tut er, wenn er einen Menschen findet, der

gerechter ist als er? Versucht er etwa sein Leben auch auf diese höhere Ebene zu bringen? Nein, im Gegenteil, er versucht den, dessen vorbildliches Leben ihn bloßstellt, zu zerstören (Johannes 3,19.20)!

Er sündigt jedoch nicht nur gegenüber Gott und seinem Nächsten, sondern auch gegen sich selbst. Er ruiniert seinen Körper durch Trunkenheit, Unsittlichkeit und ein ausschweifendes Leben. Er läßt seine Talente verkommen und verschleudert die ihm von Gott anvertrauten Güter. Er verweigert weisen Rat und verwirft seinen wahrhaftigsten Freund, den Herrn Jesus. Wenn er es nur wahrhaben wollte – er ist sich selbst der schlimmste Feind!

Der Mensch liebt es nicht, an einen Gnade erweisenden Gott zu denken. „Gnade – die vollkommene und freie Vergebung jeglicher Sünde, ohne daß Gott auch nur das Geringste von dem Schuldigen verlangt oder erwartet – ist ein Prinzip, das so weit über den Menschen hinausgeht, das so allen menschlichen Gedanken und Überlegungen entgegengesetzt ist, daß er Gottes Gnade einfach nicht schätzt. Sein Herz nennt sie im Geheimen oft Ungerechtigkeit. Der Mensch handelt selbst nicht auf solch eine Weise und liebt es daher auch nicht, zu denken, daß Gott so handelt“ – J.N. Darby.

Die Bibel benutzt verschiedene Illustrationen, um den sündigen Zustand des Menschen zu beschreiben. So wird er beispielsweise mit einem Aussätzigen verglichen (Matthäus 8,2). Dieses Bild spricht von seinem elenden, unheilbaren und ansteckenden Zustand. Er ist gelähmt (Johannes 5,5), taub (Markus 7,32), stumm (Markus 9,17), blind (Johannes 9,1) und tot in Übertretungen und Sünden (Epheser 2,1). Er ist gefallen, unrein, hilflos und verdammungswürdig bis zur Hölle.

Vor nunmehr fast 2000 Jahren erreichte die Sünde des Menschen ihren Höhepunkt. Als Gott in der Person des Herrn Jesus Christus in diese Welt kam, da erblickten die Menschenkinder den einzigen vollkommenen Menschen, der je über diese Erde wandelte. Doch sie konnten Ihn nicht ertragen! Er kam nicht wie andere, um zu stehlen, zu töten oder zu verderben, sondern damit sie Leben hätten und es im Überfluß hätten (Johannes 10,10). Aber die Geschöpfe, die aus seiner Hand hervorgingen, spieen ihm ins Angesicht und riefen: „Dieser ist der Erbe; kommt, laßt uns ihn töten . . .“ (Lukas 20,14). Am Kreuz von Golgatha starb er für ein rebellisches Geschlecht von Sündern – Ehebrecher, Alkoholiker, Lügner, Diebe und Mörder. Würdest du für einen Alkoholiker sterben? Er tat es!

In der Tat, der Mensch verdiente die Hölle! Da ist nichts in seinem Herzen, das Gottes Erbarmen und Liebe hervorrufen könnte. Es gibt keinen einzigen Grund, warum Gott den Menschen segnen sollte. Er ist verdorben und verdiente nichts als Strafe. Doch Gott sandte Seinen einzigen Sohn, um als Stellvertreter für sündige Menschen zu sterben. Das ist Gnade! Sie sollte jeden einzelnen von uns ausrufen lassen: „Wer bin ich, daß der allmächtige Schöpfer Himmels und der Erde sich hingab, Mensch zu werden, daß er sich so sehr erniedrigte, zu leiden und zu sterben, sich für mich in den Staub des Todes zu legen!“

O Tag der Schmach, der Schande und der Schmerzen,
o Tag, erfüllt mit unfaßbarer Not,
als Du am Leib, Herr Jesu, und im Herzen
für uns erduldet hast den Zorn von Gott.

Du sahst umher nach Mitleid und nach Liebe.
Ob wohl ein Mensch Dein tiefes Weh empfand
und bis zum Tode tröstend bei Dir bliebe?
Ach, daß Dein Herz nicht solchen Tröster fand!

Du bliebest stumm, es stillte nichts Dein Sehnen,
die Feinde weiden sich an Deiner Qual;
nur Schmähung, Spott und lästerndes Verhöhnen
kam aus den finstern Herzen ohne Zahl.

Du hast vollbracht, sanftmütig bis zum Ende,
das schwere Werk, das Dir der Vater gab;
befahlst den Geist in Seine treuen Hände
und gabst für uns Dich hin in Tod und Grab.

O teurer Herr, wir singen Dankeslieder
und preisen Dich, Du starbst an unsrer Statt!
Wir beten an und fallen staunend nieder
vor Dir, der Gott so hoch verherrlicht hat.

Gottes Güte

Die Gnade Gottes gegenüber dem Menschen fand ihren Anfang schon lange ehe der Mensch überhaupt erschaffen wurde. Gott sah von Ewigkeit her alles Kommende voraus – die Schöpfung, den Fall des Menschen und die gewaltige Bedürftigkeit der Menschheit nach einem Weg der Erlösung.

In unergründlichen ewigen Ratschlüssen machte Er Pläne, um den Menschen mit Segnungen zu beschenken, die weit jenseits der kühnsten menschlichen Vorstellungskräfte liegen. Staunend erfahren wir:

1. Das Lamm Gottes wurde von Grundlegung der Welt an ausersehen, geschlachtet zu werden, ja, es galt als geschlachtet (Offenbarung 13,8).

2. Gottes Kinder waren auserwählt vor Grundlegung der Welt (Epheser 1,4).

3. Die Verheißung ewigen Lebens wurde gegeben, ehe die Welt begann (Titus 1,2).

4. Das Reich Gottes war von Grundlegung der Welt an bereitet worden (Matthäus 25,34).

Wir erfahren weiter, daß Gott den Menschen in Seinem eigenen Bilde schuf, Ihm ähnlich (1. Mose 1,26). Adam war das Meisterwerk aller Seiner schöpferischen Handlungen. Ihm wurde Gewalt gegeben über jedes lebende Wesen auf dieser Erde (1. Mose 1,28). Er wurde zum persönlichen

Repräsentanten Gottes auf der Erde eingesetzt.

Der Herr setzte den Menschen in eine vollkommen ideale Umgebung, wo all das zur Befriedigung seiner Bedürfnisse und Wünsche Notwendige vorhanden war (1. Mose 2,8). Es gab nichts Gutes, das ihm vorenthalten worden wäre.

Die Güte Gottes offenbarte sich in der regelmäßigen Folge von Saat und Ernte, Kälte und Hitze, Sommer und Winter, Tag und Nacht (1. Mose 8,22). Sie wurde augenscheinlich in der reichen Vielfalt der Nahrung, die Er so freigiebig schenkte. Sie zeigte sich in der Schönheit der Schöpfung, die Er zur Freude des Menschen geschaffen hatte.

Doch trotz dieser unendlichen Gütigkeiten Gottes fiel der Mensch in Sünde (1. Mose 3,6); kehrte er seinem Gott den Rücken und verweigerte dem Herrn den Gehorsam. Er glaubte statt dessen der Lüge des Teufels, daß Gott etwas zurückhalten würde, das ihm besonders nützlich wäre (1. Mose 3,1).

Brachte nun dies die Flut der Gütigkeiten Gottes gegenüber dem Menschen zum Stillstand? Im Gegenteil! In Seiner Gnade traf Er Vorkehrungen, die Blöße Adams und Evas zu bedecken (1. Mose 3,21) und verhieß das Kommen Jesu Christi, des Erlösers, der den Feind des Menschen, Satan, unter Seinen Füßen zertreten würde (1. Mose 3,15).

Alles nun folgende im Alten Testament ist ein einziger Bericht von Gottes nie versagender Güte gegenüber Seinem ungetreuen Volk. So machte Er Bündnisse mit Abraham und David, in denen Er ohne irgendwelche Bedingungen versprach, ihren Nachkommen durch die

Person und das Werk Jesu Christi Güte zu erweisen (1. Mose 15,5; 2. Samuel 7,16). Er versorgte Sein Volk, führte es, beschützte es und segnete es über alle Maßen.

Sie aber dankten Ihm diese Gütigkeiten mit Unglauben, Götzendienst, Murren, unmoralischem Leben, Verachtung, Spott und Hohn.

Ungeachtet solcher Undankbarkeit sandte Gott Seinem Volke Propheten. Diese Männer waren das Sprachrohr Gottes. Sie brachten eine Botschaft – direkt vom Herrn. Das Wort, was sie brachten, war das wahrhaftige Wort Gottes. Doch die Leute verprügelten diese Propheten, steinigten sie, warfen sie in Gruben und in vielen Fällen töteten sie sie.

Würde Gottes Geduld auch solche Beleidigungen noch ertragen? Ja, Gott würde noch einmal zu ihnen reden; in einer noch wunderbareren, noch gnädigeren Weise als jemals zuvor: Er würde Seinen eigenen Sohn zu ihnen senden!

Kein menschlicher Verstand vermag je zu ergründen, was es für das Vaterherz Gottes bedeutete, Seinen eingeborenen Sohn zu einem von der Sünde verdorbenen Menschengeschlecht hinabzusenden. Es müßte jemand erst so heilig und so von Liebe durchdrungen sein wie Gott, um den herzzerreißenden Stich und das Erschütternde solch einer Handlung in aller Intensität nachempfinden zu können.

In der Bibel sind uns zwei eindrucksvolle und bewegende Illustrationen gegeben, die uns etwas teilhaben lassen an den Empfindungen Gottes in dieser Sache. Eine Illustration befindet sich im Alten Testament, die andere im Neuen Testament.

Die Schilderung im Alten Testament ist die Geschichte Abrahams, seine Bereitwilligkeit, den geliebten Sohn als Opfer in den Tod zu geben (1. Mose 22). Gott hatte Abraham verheißen, daß er Nachkommen haben würde, so zahlreich wie die Sterne des Himmels und wie der Sand an den Ufern des Meeres. Dann befahl Er Abraham,

seinen Sohn,
seinen einzigen Sohn,
Isaak,
den er liebte,

als Brandopfer auf dem Hügel Morija zu schlachten. Vater und Sohn gehen beide miteinander zu dem Hügel hinauf, Seite an Seite. In der Hand des Vaters sind das Messer und die Fackel des Feuers. Auf dem Rücken des Sohnes lastet das Holz für den Brandopferaltar. Wir hören das herzbewegende Zwiegespräch zwischen Vater und Sohn. Wir erblicken Isaak gebunden als Opfer an den Altar gelegt. Wir hören beinahe den schweren Atem Abrahams, als er das Messer erhebt, um seinen Sohn zu schlachten.

Doch in diesem Augenblick griff Gott ein. Er beschaffte einen Widder, der anstelle Isaaks das Opfer bildete. Bis zu diesem Punkt hatten wir ein ergreifendes Bild von der Hingabe und Opferung des Sohnes Gottes durch den Vater für uns am Kreuze von Golgatha. Aber hier endet die Parallele. Abraham wurde es nicht abverlangt, seinen Sohn in den Tod zu geben. Ein Stellvertreter wurde gefunden. Gott aber gab Seinen eingeborenen Sohn wirklich, damit dieser den Opfertod am Kreuz sterben konnte. Gott ersparte dem Herzen Abrahams jenen Stich, den Er Seinem eigenen Herzen nicht ersparen konnte. Für den Herrn Jesus konnte kein Stellvertreter bereitstehen!

Einen zweiten bewegenden Bericht von dem, was es für Gott bedeutete, Seinen Sohn zu geben, lesen wir im Neuen Testament in Lukas 20,9-15. Gott wird hier mit einem Gutsbesitzer verglichen, der einen Weinberg anlegte und ihn der Obhut seiner Weingärtner übergab. Als die Zeit der Ernte kam, sandte er einen Knecht zu den Weingärtnern. Doch sie verprügelten ihn und schickten ihn mit leeren Händen zurück. Auf diese Weise behandelte Gottes Volk Seine Propheten. Er sandte einen anderen Knecht, doch die Weingärtner verprügelten auch ihn, behandelten ihn schändlich und schickten ihn mit leeren Händen fort. Ein dritter Knecht wurde verwundet zum Weinberg hinausgeworfen.

Nun erwog der Herr des Weinbergs, was er tun sollte. Seine Entscheidung war: „Ich will meinen geliebten Sohn senden; vielleicht werden sie diesem Ehre erweisen, wenn sie ihn sehen!“ Doch die boshaften Weingärtner handelten wiederum gewalttätig. Sie riefen: „Dieser ist der Erbe; kommt, laßt uns ihn töten, auf daß das Erbe unser werde.“

So warfen sie ihn zum Weinberge hinaus und töteten ihn! – Auf diese Weise handelten die Menschen an Gottes vielgeliebtem Sohn!

Aber selbst jetzt war Gottes Liebe noch nicht erloschen. Sie gedachten es böse zu machen; Gott aber gedachte es gut zu machen (1. Mose 50,20). Sie waren von Bosheit und Gottlosigkeit erfüllt, doch Gott hatte Seine eigenen Wege. Sie dachten, daß sie einen gewöhnlichen Menschen getötet hätten; doch Gottes Gedanken waren, daß Sein Sohn für die Sünden der Welt sterben sollte. Vom menschlichen Standpunkt aus gesehen, töteten die Schafe ihren Hirten; doch von göttlicher Warte aus betrachtet, legte der Gute Hirte sein Leben dar für Seine Schafe!

Sogleich nach der Auferstehung und Verherrlichung Jesu Christi zur Rechten Seines Gottes und Vaters, ließ Gott durch das Evangelium die Einladung an alle Welt ergehen: „Kommt, denn es ist schon alles bereit!“ Seit nunmehr schon über neunzehnhundert Jahren lädt der König aller Könige, der Herr aller Herren die Menschenkinder ein, an Seinem großen Mahl teilzunehmen. Einige sprechen: „Halte mich für entschuldigt!“ Einige zögern es hinaus. Einige haben die Einladung rundweg abgelehnt. Nur wenige haben sie angenommen!

Doch Gottes Freundlichkeit und Güte währt noch immer. Seine Geduld und Langmut dauern bis jetzt noch an. Seine Gnade ist bis heute noch nicht müde geworden!

Gott, Du hast Dir ausersehen
Deinen Sohn zum Opferlamm.
Deine Liebe hieß Dich gehen
mit Ihm hin zum Kreuzesstamm.
Seine Qual schnitt Dir ins Herz,
und Sein Weh war auch Dein Schmerz,
Deinen Feinden – wer kann's fassen! –
mußtest Du Ihn überlassen.

Dann, in jenen finstern Stunden,
eh' der Vielgeliebte starb,
war's die tiefste Seiner Wunden,
daß Dein Antlitz sich verbarg.
Und Er rief – Du bliebest stumm,

kehrtest Dich zu Ihm nicht um:
Daß wir nicht als Sünder sterben,
mußte Er „zur Sünde“ werden.

Und zuletzt hat Er Sein Leben
ausgeschüttet in den Tod,
hat sich für uns hingegeben,
Dir zum Wohlgeruch, o Gott!
All Dein Sehnen ist gestillt,
das Erlösungswerk erfüllt:
„Kinder“ bringt Er Dir zum Herzen
als die Frucht von Seinen Schmerzen.

O mit welchem Wohlgefallen
blickst Du jetzt auf Deinen Sohn!
Er, der Herrlichste von allen,
sitzt bei Dir, auf Deinem Thron,
stimmt in uns den Lobgesang,
der nicht enden wird, jetzt an:
Vater, nimm in Jesu Namen
Ehre, Preis, Anbetung! Amen.

Die Gnade unseres Herrn Jesus Christus

So wie sich Gottes Gnade in der Gabe Seines Sohnes offenbarte, so zeigte sich die Gnade Christi in Seiner Bereitwilligkeit, für Sünder zu sterben. „Denn ihr kennet die Gnade unseres Herrn Jesus Christus, daß er, da er reich war, um euretwillen arm wurde, auf daß ihr durch seine Armut reich würdet“ (2. Korinther 8,9).

Die Gnade Jesu Christi wird also in folgenden zwei gewichtigen Tatsachen sichtbar:

1. *Er war reich.*
2. *Er wurde arm.*

Zuerst: *Er war reich!* Durch alle Ewigkeiten hindurch hatte Er bei Gott, Seinem Vater, in ungestörtem Frieden und ewiger Freude gewohnt! Er war Schoßkind bei Ihm, Tag für Tag Seine Wonne, allezeit sich vor Ihm erfreuend (Sprüche 8,30). Es wäre leichter, die Sterne zu zählen, als auch nur annähernd die unendliche Fülle Seines Reichtums zu beschreiben, die Er im Himmel zur Verfügung hatte.

Er hätte an diesem Ort des Reichtums und des Friedens bleiben können – fernab von Sorgen, Leiden und Tod. Er hätte es ohne weiteres zulassen können, daß eine gefallene Menschheit sich selbst kopfüber in das schreckliche Verderben stürzte, das sie mit Fug und Recht verdiente. Doch Er zog es vor, Reichtum, Freude und Glückseligkeit des Himmels zu verlassen, um der Retter der Welt zu werden.

Er hielt all das nicht um jeden Preis fest, sondern verzichtete freiwillig darauf, Gott gleich zu sein (Philipper 2,6). Er war bereit, den Reichtum des Himmels mit der Armut der Erde zu vertauschen. Er, der reich war, wollte arm werden!

Arm wurde er zunächst einmal dadurch, daß Er beschloß, Mensch zu werden! Das war ein gewaltiger Akt der Herablassung – Gott als Mensch! Eine unbeschreibliche Erniedrigung! Wenn ein Mensch auf irgendeine Weise zur Heuschrecke oder zu einer Mikrobe würde, so wäre dies nur ein schwacher Vergleich mit dem, was es für Christus bedeutete, Mensch zu werden.

Dann betrat er diese Welt nicht etwa als ein erwachsener Mensch. Der Schöpfer aller Dinge wurde als ein hilfloses Baby in diese Welt hineingeboren (Lukas 2,7). Der allmächtige Erhalter des Universums lag als hilfloses Kind in den Armen Seiner Mutter!

Und erinnern wir uns daran, daß Er nicht etwa von einer wohlhabenden oder einflußreichen Mutter geboren wurde, sondern von einem einfachen jüdischen Mädchen – der Jungfrau Maria.

Seine Geburt erfolgte auch nicht in einem sterilen Krankenhaus oder wenigstens in einer sauberen Hütte. Nein, Er wurde im düsteren Winkel eines Stalles geboren, und als Wiege diente Ihm die Futterkrippe der Tiere. Wir wissen – es gab keinen Raum in der Herberge für Ihn.

In solch einer Weise in diese Welt hineingeboren zu werden, war ein unfaßbarer Akt der Selbsterniedrigung für den Herrn der Herrlichkeit. Doch dies war längst noch nicht alles. Anstatt als mächtiger Herrscher, als ein reicher Mann oder einflußreicher religiöser Würdenträger aufzutreten, kam Er als Diener (Philipper 2,7). Er kam nicht, um bedient zu werden, sondern um zu dienen (Matthäus 20,28). Der, dem die himmlischen Heerscharen in den vergangenen Zeitaltern gedient hatten, kam, um ein Diener der Menschen zu werden. Und da diese Menschen Sklaven der Sünde waren, wurde Er buchstäblich der Diener dieser Sklaven.

Er verbrachte etwa dreißig Jahre in der Verborgenheit, die meisten Jahre in dem verrufenen Städtchen Nazareth (Lukas 2,39). Dann begann Er seinen dreijährigen Dienst in der Öffentlichkeit (Johannes 1,29).

Niemand, der Ihn sah, hätte erkannt, daß Er der Gott und Schöpfer des ganzen Universums war. Er hatte Seine Herrlichkeit in einem irdischen Körper verhüllt. Er war wie einer von uns geworden – mit der großen Ausnahme jedoch, daß Er nie sündigte (1. Petrus 2,22).

Gutes tuend ging Er von Stadt zu Stadt, von Dorf zu Dorf. Blinden öffnete Er die Augen, Tauben schenkte Er das Gehör und Stummen die Sprache. Er heilte die Kranken, erbarmte sich über Krüppel und Lahme und rief Tote wieder zurück ins Leben.

Doch die Menschen liebten Ihn nicht. Seine eigenen Brüder verkannten Ihn. Seine Nachbarn verspotteten Ihn. Die religiösen Führer beschimpften und haßten Ihn bis aufs Blut. Er aber erduldete die bittersten Anfeindungen der Sünder gegen sich (Hebräer 12,3) und fand in ihrer Bosheit nur einen Grund, ihnen noch mehr Gutes zu tun.

Als heimatloser Fremdling durchwanderte Er diese Welt,

die Seine Hände erschaffen hatten. Er sprach: „Die Füchse haben Höhlen und die Vögel des Himmels Nester; aber der Sohn des Menschen hat nicht, wo er sein Haupt hinlege" (Lukas 9,58). Als sich Seine Jünger zu ihrem behaglichen Heim wandten, ging Er zum Ölberg, vermutlich, um dort die Nacht zu verbringen, ungeschützt vor Wind und Wetter (Johannes 7,53; 8,1).

Während all dieser Zeit war Er genau so wahrhaftiger Gott, wie Er es immer gewesen ist; doch hatte Er Sein Leben gegen ein anderes vertauscht. Er hatte die Paläste von Elfenbein verlassen für eine Welt des Leides. Er hatte den heiligen Wohnort im Himmel verlassen und den Dschungel, die Wirrnis dieser Welt dafür eingetauscht.

Am Ende Seines dreijährigen öffentlichen Dienstes erreichten der Widerstand und Haß gegen Ihn dann den Höhepunkt. Die religiösen Führer waren entschlossen, Ihn um jeden Preis loszuwerden. Und so geschah es dann auch!

Zuerst wurde Er von einem Seiner eigenen Anhänger, Judas, in die Hände Seiner Feinde verraten (Matthäus 26,14.15). Der Preis betrug dreißig Silberlinge. Ein schmutziges Geschäft! Der Heiland der Welt wurde um den Preis eines Sklaven verkauft.

Von einem anderen Jünger, Simon Petrus, wurde Er anschließend verleugnet (Matthäus 26,69-75). Beschämung, Trauer! Ein sterblicher Mensch schämt sich des Herrn der Herrlichkeit!

Daraufhin wurde Er von Pontius Pilatus verurteilt (Matthäus 27,2). Törichtes Urteil! Der Schuldlose verurteilt durch den Schuldbeladenen!

Alsbald wurde Er von römischen Soldaten gekreuzigt (Matthäus 27,31). Der einzig vollkommene Mensch, der jemals lebte, wurde an das Kreuz, das Kriminellen bestimmt war, genagelt! „Er ward gehorsam bis zum Tode, ja zum Tode am Kreuze“ (Philipper 2,8). Es war ein Tod der Schande!

Der Allmächtige, der Sonne, Mond und Sternen ihre Bahnen zuwies, wurde zum Mann der Schmerzen, vor dem man das Angesicht verbirgt und den man für nichts achtet (Jesaja 53,3)! Der Sohn des Allerhöchsten, der es niemals nötig gehabt hätte zu leiden, wurde zum König des Leidens. Der Heilige, der keine Sünde kannte, wurde zum Sünd- und Schuldopfer für gottlose Sünder.

Als Er am Kreuze hing, da wurde Er buchstäblich arm. Es war nicht nur so, daß Er körperliche Leiden durch die Hand von Menschen erdulden mußte. Allein das war schon entsetzlich.

Doch die tiefsten Tiefen Seiner Leiden waren in den drei Stunden der Finsternis erreicht, als Er den furchtbaren Zorn Gottes über unsere Sünden erleiden mußte (Lukas 23,44). Hier erlitt er Seine bitterste Qual, als Er von Gott verlassen werden mußte, als Er als Stellvertreter für andere starb (Matthäus 27,46). Dort schmetterte der mächtige Zorn, der sonst uns Menschen alle in die Hölle hätte versinken lassen, auf Ihn nieder.

Alle Sünden, die in Vergangenheit, Gegenwart oder Zukunft jemals von uns begangen wurden oder noch begangen werden würden, die wurden nun alle auf Ihn gelegt, und Er starb für sie alle.

Es wäre unmöglich, das ganze Ausmaß Seiner Leiden zu beschreiben. Keiner kann sie messen, sie waren unendlich.

Dort am Kreuz war Er der Gute Hirte, der Sein Leben ließ für Seine Schafe (Johannes 10,11). Keiner der Erlösten wird je erfassen können, wie abgrundtief die Fluten des Zornes Gottes waren, die Er durchschreiten mußte, wie dunkel die Finsternis war, die Er durchdringen mußte, um Seine verlorenen Schafe erretten zu können.

Dort am Kreuz war Er der Mann, der herging und alles verkaufte, was Er hatte, um den im Acker verborgenen Schatz zu erwerben (Matthäus 13,44).

Dort am Kreuz war Er auch der Kaufmann, der alles verkaufte, um die kostbare Perle für sich zu erstehen (Matthäus 13,45.46).

Er, der reich war, wurde arm, um den von der Sünde verdorbenen Menschen für sich selbst zurückzukaufen.

Das ist die Gnade unseres Herrn Jesus Christus!

John Bunyan sagte: „Du Sohn des Allerhöchsten, welch eine Gnade zeigte sich in Deiner Menschwerdung! Gnade führte Dich vom Himmel hernieder, Gnade ließ Dich Deine Herrlichkeit ablegen, Gnade machte Dich arm und zum Allerverachtetsten. Gnade war es, die Dich solche unbeschreiblichen Lasten aufbürden ließ; Lasten der Sünde, Lasten des Leidens und Lasten des Fluches Gottes. O Sohn Gottes, Gnade lag in all Deinen Tränen, Gnade strömte mit jedem Worte aus Deinem Munde hervor und Gnade floß auch aus der geöffneten Seite mit Deinem Blute. Gnade leuchtete auf, als die Peitschenhiebe auf

Dich niederschlugen, als die Dornenkrone Dich stach und Nägel Dich durchbohrten! Das ist tatsächlich Gnade – Gnade, die Engel erstaunen läßt, Gnade, die Sünder glücklich macht, Gnade, die den Teufel vor Verwunderung zum Schweigen bringt."

Errettung durch Gnade – mittelst des Glaubens

Im vorigen Kapitel sahen wir, daß die Gnade unseres Herrn Jesus Christus Ihn dazu drängte, am Kreuz von Golgatha als ein Stellvertreter für uns Sünder zu sterben. Wir müssen aber schnell hinzufügen, daß Sein Tod nicht das Ende war. Er wurde in ein geliehenes Grab gelegt (Johannes 19,41.42), doch am dritten Tage ist Er triumphierend als der Sieger über Sünde, Tod und Hölle aus dem Tode auferstanden (1. Korinther 15,4). Später kehrte Er zum Himmel zurück, wo Gott Ihn mit Herrlichkeit, Ehre und Macht krönte (Apostelgeschichte 1,10; Hebräer 2,7). Seine Auferstehung und Seine Rückkehr zum Himmel waren der sichtbare Beweis, daß Gott mit dem Erlösungswerk Jesu Christi vollkommen zufriedengestellt war (Römer 4,25).

Jetzt möchten wir uns mit der überaus wichtigen Frage beschäftigen, wie Menschen errettet werden.

Das Erlösungswerk des Herrn Jesus war ausreichend, um alle Menschenkinder zu erretten; doch nicht alle sind und werden errettet. Der Preis, den Er bezahlt hatte, würde genügen, um alle die durch die Jahrtausende hindurch begangenen Sünden vollständig zu sühnen; doch nicht alle diese Sünden sind automatisch gesühnt worden.

Der Grund liegt darin, daß Gott Menschen nicht gegen ihren Willen errettet. Er bringt niemand in den Himmel, der nicht dort sein möchte. Er zwingt die Menschen nicht gewaltsam dazu, den Weg des Lebens zu wählen.

So mußte Gott einen Weg finden, auf dem diejenigen, die errettet werden wollten, diese Segnung erhalten können. Auf welche Weise würde Er vorgehen?

Es gibt nur zwei denkbare Wege, die Gott beschreiten konnte:

1. Er hätte verkündigen können, daß die Erlösung für diejenigen ist, die ihrer würdig wären, oder die sie sich durch eigene Anstrengungen selbst verdienen würden. Das wäre Erlösung durch *Werke.*

2. Er konnte die Erlösung denjenigen, die bereit wären, sie anzunehmen, aber auch als eine völlig freie Gabe schenken. Das wäre Erlösung durch *Gnade.*

Wenn Er das erste Prinzip angewandt hätte, so hätte Er beispielsweise erklären können, daß diejenigen errettet würden, die

1. die Zehn Gebote halten.
2. das Königliche Gesetz erfüllen: „Du sollst deinen Nächsten lieben wie dich selbst."
3. entsprechend der „Bergpredigt" leben.
4. getauft sind.
5. sich einer bestimmten Kirche anschließen.
6. ein anständiges und ehrenwertes Leben führen.
7. das Beste aus sich herausholen, zu dem sie fähig sind.
8. eine stattliche Geldsumme dafür auf den Tisch legen.

Jegliches Bemühen, durch das man sich das ewige Leben selbst verdienen könnte, käme also unter diese Rubrik: „Errettung durch Werke."

Das zweite Prinzip – „Errettung durch Gnade" – bedeutet

ganz einfach, daß uns das ewige Leben frei, ohne irgendwelche Kosten oder eigene Anstrengungen geschenkt wird. Die Erlösung wäre ein Geschenk für all diejenigen, die bereit wären, diese Gabe anzunehmen.

Welches dieser beiden Prinzipien wählte nun Gott?

Es hat dem Allmächtigen gefallen, die Erlösung als ein Geschenk anzubieten – völlig frei und umsonst; als eine Gabe, die man sich nicht selbst verdienen kann. Die folgenden Schriftstellen zeigen das in überzeugender Weise:

„Dem aber, der wirkt, wird der Lohn nicht nach Gnade zugerechnet, sondern nach Schuldigkeit. Dem aber, der nicht wirkt, sondern an den glaubt, der den Gottlosen rechtfertigt, wird sein Glaube zur Gerechtigkeit gerechnet“ (Römer 4,4.5).

„Denn der Lohn der Sünde ist der Tod, die *Gnadengabe* Gottes aber ewiges Leben in Christo Jesu, unserem Herrn“ (Römer 6,23).

„Denn durch die Gnade seid ihr errettet, mittelst des Glaubens; und das nicht aus euch, Gottes *Gabe* ist es; nicht aus Werken, auf daß niemand sich rühme“ (Epheser 2,8.9).

Ein Geschenk – im biblischen Sinne – ist etwas, was einer Person von einer anderen gegeben wird, frei und kostenlos, ohne den Gedanken, daß der Empfänger erst dafür würdig sein müßte, oder daß er es sich verdienen müßte und auch ohne den Gedanken, dafür einen Ausgleich zurückzuerwarten. In dem Augenblick, wo irgendwelche Bedingungen und besondere Klauseln hinzugefügt werden, hört es nämlich auf, ein Geschenk zu sein. Ein „Geschenk“

schließt jeglichen Gedanken an menschliches Verdienst oder Würdigkeit aus.

Wie empfängt nun aber ein sündiger Mensch die Gabe der Erlösung? Die Antwort lautet ganz einfach: durch den Glauben an den Herrn Jesus Christus. Über einhundertmal wird uns im Neuen Testament gesagt, daß die Erlösung durch den Glauben an den Erlöser, den Herrn Jesus Christus, geschieht. Zum Beispiel:

„Denn also hat Gott die Welt geliebt, daß er seinen eingeborenen Sohn gab, auf daß jeder, der an ihn *glaubt,* nicht verloren gehe, sondern ewiges Leben habe“ (Johannes 3,16).

„Wer an den Sohn *glaubt,* hat ewiges Leben; wer aber dem Sohne nicht *glaubt,* wird das Leben nicht sehen, sondern der Zorn Gottes bleibt auf ihm“ (Johannes 3,36).

„Wahrlich, wahrlich, ich sage euch: Wer mein Wort hört und *glaubt* dem, der mich gesandt hat, hat ewiges Leben und kommt nicht ins Gericht, sondern er ist aus dem Tode in das Leben übergegangen“ (Johannes 5,24).

„Wahrlich, wahrlich, ich sage euch: Wer an mich *glaubt,* hat ewiges Leben“ (Johannes 6,47).

„Ihr Herren, was muß ich tun, auf daß ich errettet werde? Sie aber sprachen: *Glaube* an den Herrn Jesus, und du wirst errettet werden, du und dein Haus“ (Apostelgeschichte 16,30.31).

An Christus glauben umfaßt jedoch mehr, als nur die historischen Tatsachen von Jesus für wahr zu halten. Es bedeutet, ein Bekenntnis seiner Schuld und Sünde abzulegen. Es bedeutet verstehen, daß Er als Stellvertreter für meine Sünden Sein Leben dahingegeben hat. Es bedeutet eine vollkommene Übergabe seines Lebens an den Heiland der Welt. Es bedeutet, Ihn als Herrn und Heiland persönlich anzunehmen (Johannes 1,12). Es bedeutet, Ihm die Türe unseres Herzens zu öffnen, und Ihm zu erlauben, in unser Leben zu kommen (Offenbarung 3,20).

Was es bedeutet, an den Herrn Jesus zu glauben, wird gelegentlich mit der ersten Lektion beim Erlernen des Kopfsprungs verglichen. Der Schwimmlehrer läßt den Schüler auf das Wasser blickend am Rand des Schwimmbeckens stehen, beide Füße dicht beieinander. Nun muß er sich nach vorne beugen, bis seine Fingerspitzen die Zehen berühren. Dann ruft der Lehrer: „Stoße dich ab und laß dich einfach ins Wasser fallen!" Etwas furchtsam erst, handelt der Schüler wie ihm gesagt wird. Wenn er sich der Wasseroberfläche nähert, sind seine beiden Arme weit nach vorne ausgestreckt, und der Rest des Körpers folgt ihnen ins Wasser nach. Er hat seinen ersten Kopfsprung ausgeführt und sich dabei vollständig dem Wasser übergeben. Kein Stückchen von ihm ist dort am Beckenrand zurückgeblieben. Komme was da wolle, er hat sich den Fluten des Wassers anvertraut.

Dies illustriert, was es bedeutet, an den Herrn Jesus Christus zu glauben. Es ist eine völlige Übergabe seines Lebens an Ihn; den Heiland der Welt; man wirft sich ganz in Seine Retterarme!

Wir haben vorhin gesagt, daß die Erlösung eine Gabe ist, die uns ohne irgendwelche Nebenbedingungen geschenkt wird. Und nun erklären wir, daß ein Mensch an den Herrn

Jesus *glauben* muß, um errettet zu werden. Einigen mag dies als ein Widerspruch erscheinen. Wie können wir diese beiden Aussagen miteinander in Einklang bringen?

Die Antwort ist folgendermaßen:

1. Der Glaube ist keine Bedingung, durch die sich der Mensch die Erlösung *verdienen* könnte, sondern lediglich die persönliche Annahme dieses freien Geschenkes.

2. Glauben ist nichts Verdienstvolles. Ein Mensch hat nichts zum Prahlen und Rühmen, weil er dem Herrn geglaubt hat. Es ist nur angemessen, daß das Geschöpf Seinem Schöpfer glaubt. Da Gott nicht lügen kann, was wäre dann vernünftiger, als Ihm zu glauben und zu vertrauen?

3. Indem ein Mensch Christus vertraut, gibt Er nur seiner Bereitwilligkeit Ausdruck, sich durch die Gnade Gottes erretten zu lassen.

Da wir gerade vom Glauben sprechen, möchten wir an dieser Stelle noch auf zwei zusätzliche wichtige Tatsachen hinweisen:

Erstens, es ist nicht die *Größe* unseres Glaubens, der zählt; sondern der *Gegenstand* unseres Glaubens. Ein starker Glaube an ein wertloses Objekt ist nutzlos. Doch der einfältigste Glaube an die würdige Person des Herrn Jesus Christus bewirkt die Errettung der Seele.

Zweitens, Glaube läßt sich nicht mit eigenen Werken zur Errettung vermischen. Wir sind nicht errettet durch den

Glauben an den Herrn Jesus *und* durch gute Werke, sondern *allein* durch den Glauben an Christus. Es ist entweder alles aus Gottes Gnade oder aber überhaupt nichts aus Gnade, wie geschrieben steht:

„Wenn aber durch Gnade, so nicht mehr aus Werken; sonst ist die Gnade nicht mehr Gnade" (Römer 11,6).

Werke und Glaube sind zwei Prinzipien, die sich gegenseitig ausschließen. Man muß entweder das eine oder das andere für sich in Anspruch nehmen; sie lassen sich nicht miteinander vermengen.

Dies führt uns nun zu der interessanten Frage: „Warum hat Gott sich nicht entschieden, uns die Erlösung auf der Grundlage von guten Werken anzubieten?" Die nachfolgenden Überlegungen möchten es deutlich machen:

1. Es wäre dann nämlich kein einziger errettet worden. Vor Gott sind alle Menschen tot in Vergehungen und Sünde (Epheser 2,1) und können deshalb keine guten Werke für Ihn hervorbringen. „All unsere Gerechtigkeit gleicht einem unflätigen Kleide" (Jesaja 64,6). „Gute" Werke kann ein Mensch erst dann vollbringen, wenn er errettet worden ist.

2. Wenn sich der Mensch selbst seinen Zugang in den Himmel bahnen könnte, würde er Gott zu seinem Schuldner machen. Gott würde ihm die Erlösung schuldig sein als Belohnung für das gute Leben, das er gelebt hat. Dies wäre unmöglich, denn Gott schuldet niemandem etwas (Römer 11,35). Der Mensch kann niemals Gott zu seinem Schuldner werden lassen.

3. Wenn der Mensch sich durch seine eigenen Werke oder mittelst seines guten Charakters erretten könnte, dann hätte er vor Gott etwas zum Rühmen. Aber auch dies ist unmöglich (Römer 3,27). Im Himmel wird alle Ehre Gott gegeben sein. Er wird seine Ehre mit keinem Geschöpf teilen. Es wäre eine starke Beeinträchtigung der himmlischen Harmonie, wenn es dort Menschen gäbe, die sich selbst rühmen würden.

4. Wenn der Mensch sich selbst erretten könnte, wäre er offensichtlich sein eigener Erlöser. In diesem Falle könnte er sich selbst anbeten. Dies wird ihm jedoch durch das erste Gebot ausdrücklich untersagt – „Du sollst keine anderen Götter neben mir haben" (2. Mose 20,3). Wenn der Mensch auch nur das Allergeringste zu seiner Erlösung beitragen könnte, so würde ihn dies auf den Platz eines Miterlösers emporheben und ihn an der Herrlichkeit des Herrn Jesus als des Erlösers teilhaben lassen. Wir haben bereits gezeigt, daß dies unmöglich ist.

5. Der Gedanke der Erlösung durch gute Werke wird ferner dadurch ausgeschlossen, daß Gott erklärt hat: „Ohne Blutvergießung gibt es keine Vergebung" (Hebräer 9,22). Gute Werke beinhalten kein Blutvergießen. Deshalb liegt in ihnen auch keine Erlösung.

6. Jene, die denken, daß sie sich den Himmel durch gute Werke verdienen könnten, vergessen, daß Gott absolute Vollkommenheit verlangt. Es genügt keinesfalls, nur ein einziges Gebot vollkommen zu halten. Selbst wenn jemand neun von den zehn Geboten vollkommen hätte halten können, so würde dies immer noch nicht genügen. Gott verlangt vollkommenen

Gehorsam (Jakobus 2,10).

7. Selbst wenn ein Mensch vom heutigen Tage an ein vollkommenes Leben führen könnte, so würde ihn auch dies nicht erretten, da Gott auch über unsere Vergangenheit Rechenschaft verlangt (Prediger 3,15). Die Sünden seines Lebens bis zu diesem Zeitpunkt würden trotzdem nach Sühnung verlangen.

8. Anzunehmen, daß ein Mensch sich durch seine eigenen Werke erretten könnte, heißt, die *Notwendigkeit* des Werkes Jesu Christi abzustreiten. Wenn die Erlösung durch menschliche Charakterstärke oder Anstrengungen hätte erreicht werden können, dann hätte Christus nicht sterben brauchen (Galater 2,21). Doch die Schrift bezeugt in aller Deutlichkeit, daß es keinen anderen Weg zur Errettung gibt: „Denn einen anderen Grund kann niemand legen, außer dem, der gelegt ist, welcher ist Jesus Christus" (1. Korinther 3,11).

9. Die Vorstellung, daß der Mensch sich selbst erretten könnte oder wenigstens etwas zu seiner Erlösung beitragen könnte, bestreitet das *alleinige Genügen* des Werkes Christi (Kolosser 3,11b). „Es gibt leider eine große Menge getaufter Männer und Frauen, die bekennen, Christus zu ehren, ihm in Wirklichkeit jedoch große Unehre erweisen. Sie geben Christus einen gewissen Platz in ihrem religiösen Leben, doch nicht den Platz, den Gott für Ihn vorgesehen hat. Nicht Christus allein ist 'alles in allem' für ihre Seelen. Nein, es sind Christus und ihre Kirche, – Christus und die Sakramente, – Christus und die eingesetzten Geist-

lichen, – Christus und ihre eigene Buße, – Christus und ihre eigene Gerechtigkeit, – Christus und ihre eigenen Gebete, – Christus und ihre eigene Aufrichtigkeit und Freigiebigkeit, auf die sich ihre Seelen stützen" – Ryle.

10. In Verbindung mit der Errettung gilt, wie in jeder anderen Hinsicht, daß Gott den Vorrang haben muß, den Platz des Gebenden. So lehrte zum Beispiel der Herr Jesus: „Geben ist seliger als Nehmen" (Apostelgeschichte 20,35). Und da dies so ist, wird Gott immer den Platz des Gebenden und Segnenden einnehmen. Er gibt, und der Mensch empfängt.

11. Da Christus das Werk der Erlösung vollendet hat, kann der Mensch nicht noch etwas hinzufügen. Einem vollkommen vollendeten Werk ist nichts mehr hinzuzufügen. Jesus Christus ist nicht in diese Welt gekommen, um zu helfen, daß Sünder errettet werden, sondern um sie zu erretten (1. Timotheus 1,15).

Der Gedanke, daß Menschen dadurch errettet werden, daß sie das Gesetz halten, ist weit verbreitet, hat aber keine schriftgemäße Grundlage. Gott gab das Gesetz nicht als ein Mittel zur Erlösung. Er hat auch nie beabsichtigt, daß die Menschen es wie eine Trittleiter zum Himmel gebrauchen sollten. Ganz im Gegenteil, das Gesetz wurde gegeben, um die Sünde in unserem Leben bloßzustellen. Die Zielsetzung des Gesetzes war, den Menschen wie in einem Spiegel die ganze Tiefe ihrer Verdorbenheit vor Augen zu führen, damit sie sich zum Herrn wenden und Ihn um Gnade anrufen würden. „Das Gesetz aber kam daneben ein, auf daß die Übertretung überströmend würde" (Römer 5,20). „Darum aus Gesetzeswerken wird kein Fleisch vor ihm gerechtfertigt werden; denn durch Gesetz kommt Erkenntnis der Sünde“ (Römer 3,20). Das Gesetz wurde gegeben, um den Mund der Menschen zu verschließen, um sie als Sünder zu überführen, sie als Bußfertige zu den Füßen des Herrn zu bringen (Römer 3,19). „Die Gnade kann nämlich nicht eher mit uns beginnen, als bis uns das Gesetz zum Schweigen gebracht hat“ – C.I. Scofield.

Während wir uns mit Nachdruck bemühten, klarzulegen, daß die Errettung nicht *durch* gute Werke geschieht, müssen wir ebenso klar aussprechen, daß wir errettet werden *zu* guten Werken (Epheser 2,10). Gute Werke sind nicht die Wurzel der Erlösung, sondern die Frucht der Erlösung (Titus 2,14). Es ist der Glaube, der der Seele die Erlösung schenkt; danach bringt dann die Erlösung in der Seele die guten Werke hervor.

Diese Seite der Wahrheit hat gerade der Apostel Jakobus mit Nachdruck betont (Jakobus 2,14-26). Er verlangt gute Werke als Zeichen dafür, daß ein Mensch aus Glauben gerechtfertigt worden ist. Der Glaube selbst ist unsichtbar, doch gute Werke sind das sichtbare Offenbarwerden des wahrhaftigen Glaubens. Jemand mag bekennen, daß er Glauben habe, wenn dann aber sein Leben nicht auch durch gute Werke charakterisiert ist, dann ist sein Glaube nicht echt. Genauso wie der Leib ohne den Geist tot ist, so ist auch der Glaube ohne Werke tot. Wenn der Glaube keine guten Werke hervorbringt, dann ist er nichts weiteres, als ein leeres Lippenbekenntnis.

Noch ein letzter wichtiger Punkt! Die guten Werke eines Gläubigen werden eines kommenden Tages reich belohnt werden (1. Korinther 3,14). Obwohl sie nichts zur Errettung eines Menschen beitragen, so werden sie doch in einem großen Ausmaße zu seiner Freude im Himmel beitragen.

Ja, so ist die Gnade Gottes! Er errettet die Menschen vollkommen frei und umsonst, ohne jegliche Werke ihrerseits – allein durch den Glauben an Seinen Sohn. Er gibt ihnen dann die Kraft, gute Werke für Ihn zu vollbringen und belohnt sie noch dafür, daß sie sie tun!

„Auf daß ihr reich würdet“

Wenn jemand Christ wird, dann wird er sogleich unermeßlich reich. Nicht etwa in materiellen Dingen, die nur für dieses kurze Leben währen, sondern reich an geistlichen Segnungen, die in alle Ewigkeiten fortdauern.

„Nach dem Reichtum seiner Gnade“ – ist der Ausdruck, den der Apostel Paulus benutzt, um die Fülle dieser unerschöpflichen Reichtümer zu beschreiben. Sie werden alle dem Sünder zuteil, der sein Vertrauen auf Christus setzt.

Wenn jemand sich bekehrt, dann nimmt er Christus als seinen Herrn und Heiland an. Und indem er Ihn annimmt, empfängt er zugleich alles Gute, das Gott überhaupt geben kann. In Christus kann man die ganze Fülle des himmlischen Reichtums finden.

Indem Gott Christus gab, hat Er uns die größte aller Gaben geschenkt. Und da Er uns diese höchste aller Gaben bereits gegeben hat, wird Er auch die übrigen nicht zurückhalten.

„Er, der doch seines eigenen Sohnes nicht geschont, sondern ihn für uns alle hingegeben hat: wie wird er uns mit ihm nicht auch alles schenken?“ (Römer 8,32).

Was sind das nun für Reichtümer, die demjenigen gehören, der sich dem Herrn Jesus Christus anvertraut hat?

1. Er ist zuallererst *errettet*! Errettet von der Strafe der Sünde (Römer 8,1) und auch von der Macht der Sünde (Römer 6,14). Es ist ihm weiterhin versprochen, daß er

eines Tages selbst von der bloßen Gegenwart der Sünde befreit sein wird (1. Johannes 3,2). Auf immer von den Qualen der Hölle errettet zu sein, ist eine so wunderbare Errettung, daß man mit allem Gold und Silber dieser Welt ihren Wert nicht erfassen könnte.

2. Er ist sodann *wiedergeboren* oder „von oben geboren" (Titus 3,5.6). Bei seiner ersten Geburt war er mit einer gefallenen und unheilbar verdorbenen Natur geboren worden. Bei seiner Wiedergeburt aber empfängt er eine völlig neue Natur – das Leben aus Christus. Wer könnte je den Wert einer solchen Segnung ermessen?

3. Er ist weiterhin *gerechtfertigt* worden (Römer 5,1). Dies bedeutet, daß Gott selbst ihn als gerecht erklärt. Anstatt mit den schmutzigen Lumpen seiner eigenen Selbstgerechtigkeit herumzulaufen, ist er nun mit der Gerechtigkeit Gottes bekleidet worden. Seine Stellung vor Gott ist nun so vollkommen, daß ihn niemand mehr jemals verdammen kann (Römer 8,33). Er ist nun in Christus weitaus besser dran, als er es jemals mit Adam hätte sein können – selbst wenn dieser nie gesündigt hätte (Römer 5,15-21). Der Wert solch einer Begnadigung entzieht sich jeder menschlichen Beschreibung!

4. Er ist *erlöst,* zurückgekauft vom Sklavenmarkt der Sünde (Kolosser 1,13). Und wenn einem diese Tatsache nicht überwältigend erscheint, dann erinnere man sich daran, daß der Preis für diese Erlösung das kostbare Blut Christi war (1. Petrus 1,18.19). Konnte der Herr des Himmels und der Erde so um einen Sünder besorgt sein, daß Er bereit war, solch einen gewaltigen Preis zu bezahlen? Ja, Er war es! Wir sollten uns das einmal überlegen!

5. Der Gläubige empfängt die *Vergebung* seiner Sünden (Epheser 1,7). So weit der Osten entfernt ist vom Westen, so weit hat auch Gott seine Sünden von ihm entfernt (Psalm 103,12). Er hat zudem versprochen, daß Er ihrer nie mehr gedenken will (Hebräer 8,12). Selbst Engel mögen staunen über die Erweisung solch einer Gnade!

6. Er ist nun aber auch mit Gott *versöhnt* (Römer 5,10). Zwischen ihm und Gott besteht nicht länger Feindschaft. Am Kreuz von Golgatha wurde Frieden gemacht durch das Blut Jesu Christi. Der Herr Jesus hat dort die Frage der Sünde ein für allemal entschieden. Solch ein Friede ist unbezahlbar!

7. Der Christ ist *geheiligt* (1. Korinther 1,2). Dies bedeutet, daß Gott ihn von der Welt abgesondert hat, damit er fortan Ihm gehört. Es bedeutet weiterhin, daß Gott den Gläubigen mehr und mehr in das Bild Christi hineinformen möchte. Gott freut sich so sehr an Seinem geliebten Sohne, daß Er noch viele andere Ihm ähnlich machen möchte. Solche Gnade läßt den Geheiligten ausrufen: „Welch ein Meer der Liebe!"

8. Jeder Gläubige ist *durch den Heiligen Geist zu dem einen Leib des Christus getauft* worden (1. Korinther 12,13). Er wird ein Glied der wahren Gemeinde Jesu Christi, was für die himmlischen Heerscharen ein lebendiger Anschauungsunterricht ist von der mannigfaltigen Weisheit Gottes (Epheser 3,10). Er gehört nun auch zu der Braut Christi, eine Stellung, die mehr Innigkeit und Zuneigung zum Ausdruck bringt, als menschliche Sprache es jemals beschreiben könnte.

9. Als *Unterpfand für das noch folgende Erbe* ist dem Gläubigen der *Heilige Geist* geschenkt worden (Epheser 1,14). Genauso gewiß, wie ihm der Heilige Geist gegeben wurde, so gewiß wird er einst auch das himmlische Erbteil empfangen. Er darf schon jetzt des Himmels so sicher sein, als wenn er bereits dort wäre. Solches bewirkt die Gnade Gottes für diejenigen, die dem Erlöser vertrauen.

10. Der *Heilige Geist* ist auch als *Siegel für das Besitztum Gottes* gegeben. Kein Geschöpf könnte jemals königlicher gekennzeichnet werden. Durch die Gabe des Heiligen Geistes ist der Gläubige von Gott bezeichnet worden, daß er ein Eigentum des Königs aller Könige ist. Wer anders als Gott hätte gegenüber unwürdigen Menschenkindern so gnadenreich handeln können?

11. Noch erstaunlicher ist die Tatsache, daß *der Heilige Geist in dem Gläubigen wohnt* (1. Korinther 6,19). Welch ein Gedanke, daß eine Person der Gottheit in einem Christen Wohnung gemacht hat! Doch die Schrift belehrt uns tatsächlich, daß alle drei Personen der Gottheit in dem Gläubigen wohnen. Sein Leib ist der Tempel des Heiligen Geistes (1. Korinther 6,19). Sein Herz ist die Wohnung Christi (Epheser 3,17; Kolosser 1,27); und in ihm wohnt auch Gott, der Vater (Epheser 4,6).

12. Er wurde *angenehm gemacht in dem Geliebten* (Epheser 1,6). Er steht nun vor Gott in der ganzen Wohlannehmlichkeit Seines vielgeliebten Sohnes.

„Ich bin so nah zu Gott gebracht,
so nahe Seinem Herzen,

daß ich Ihm könnt' nicht näher sein.
Ich bin Ihm nun genau so nah
wie Sein geliebter eig'ner Sohn!“

Diese wunderbare Stellung vor Gott besitzt er durch Christus. Und er wird genau so lange von Gott angenommen sein wie Christus angenommen sein wird – immer und ewiglich!

13. Er ist *in Christus vollkommen gemacht* worden (Kolosser 2,10). Dies bedeutet, daß er in dem Sohne Gottes alles besitzt, um für den Himmel passend zu sein. Seine Stellung in Christus könnte nicht vollkommener sein! Er kann nach seiner Bekehrung viele Jahre lang ein Leben der Treue und Hingabe an Christus leben, doch würde ihn das nicht passender machen für den Himmel. Dies würde zwar seine Freude am Himmel und seine Belohnung im Himmel vermehren, doch seine Tauglichkeit für den Himmel beruht ausschließlich auf der Tatsache, daß er in Christus ist. Nichts kann diese vollkommene Stellung noch weiter verbessern.

14. Der Gläubige ist ein *Kind Gottes* (Johannes 1,12). Er darf zu dem Gott des ganzen Universums aufschauen und Ihn „mein Vater“ nennen. Kein Verwandtschaftsverhältnis in dieser Welt ist damit zu vergleichen, ein Kind Gottes, des Vaters zu sein. Er wird zusätzlich ein Glied in der weltweiten Familie Gottes. Alle wirklichen Christen sind nun seine Brüder und Schwestern in Christus. Diese Leute sind das Salz der Erde, und es ist eine der großen Freuden dieses Lebens, sich ihrer Gemeinschaft zu erfreuen.

15. Er ist von Gott als *Sohn* angenommen worden (Galater 4,4-7). Er ist nicht nur ein Kind innerhalb der Familie Gottes, sondern gleichzeitig mündiger Sohn. Er wird nicht als einer behandelt, der einen Vormund benötigt, sondern als eine reife Person, die mit allen Vorrechten und Verantwortungen eines mündigen Familiengliedes ausgestattet ist. Die Gnade hätte sich auch mit Wenigerem zufrieden geben können, indem sie die Menschen einfach nur von der Hölle befreit hätte. Doch: „Wo die Sünde überströmend geworden ist, da ist die Gnade noch überschwenglicher geworden" (Römer 5,20).

16. Der Gläubige wird *von Gott genauso geliebt wie Christus*. Wir würden nicht wagen, etwas so Gewaltiges auszusprechen, wenn es nicht ganz klar in der Bibel ausgesagt würde. Im „Hohepriesterlichen Gebet" unseres Herrn Jesus spricht Er: „. . . daß du . . . sie geliebt hast, gleichwie du mich geliebt hast" (Johannes 17,23b). Wir können wirklich sagen: Solche Liebe übersteigt das Verständnis!

17. Das Kind Gottes empfängt *ewiges Leben* (Johannes 5,24). Ewiges Leben meint: das Leben des Herrn Jesus. Es ist nicht etwas, das der Christ erst bei seinem Tod erhält, sondern es wird schon in dem Augenblick sein Besitz, wenn er an Christus glaubt. Und es wird nie enden. Alles Glück und alle Güter dieser Welt können nicht mit seinem Wert verglichen werden.

18. Der Christ ist ein *Erbe Gottes und ein Miterbe Jesu Christi* (Römer 8,17). Alles, was Gott besitzt, teilt er mit den Seinigen. Es erscheint uns unglaublich, doch es ist absolut wahr, so daß selbst der einfältigste Gläubige

sagen kann: „Alles ist mein, ich aber bin Christi, Christi aber ist Gottes“ (siehe 1. Korinther 3,22.23). Selbst, wenn ein Mann allen Reichtum seines Hauses geben würde in der Meinung, diese Segnung erwerben zu können, müßte er erfahren, daß er an den Wert dieses Erbes auf diese Weise nicht heranreichen könnte.

19. Der Gläubige hat *durch das Gebet Zugang zu Gott* (Epheser 2,18). Zu jeder Tages- oder Nachtzeit darf er bei dem Allmächtigen Herrscher des Universums Audienz haben. Die Menschen dieser Welt zählen es als außergewöhnliches Vorrecht, auch nur einmal in ihrem Leben von einem König oder Präsidenten empfangen zu werden. Wieviel größer aber ist das Vorrecht der Kinder Gottes!

20. Er ist der *Gegenstand der beständigen Fürsorge des Herrn* als dem Verwalter seiner Angelegenheiten und großen Priester (1. Johannes 2,1; Hebräer 10,21.22). Wie wunderbar zu wissen, daß im Himmel Christus sich ununterbrochen für die Seinigen verwendet. Er bringt den Verkläger zum Schweigen, indem Er die Ergebnisse Seines Sühnungswerkes geltend macht und begegnet seinem Volke in jeder Not mit neuer Gnade.

21. Der Christ ist auch ein *Priester Gottes* (1. Petrus 2,5.9). Er ist bevorrechtigt, geistliche Opfer darzubringen – seine Anbetung, sein Leben und seine Besitztümer. Ihm ist die überaus hohe Ehre verliehen, die Tugenden Dessen zu verkündigen, der ihn berufen hat aus der Finsternis zu Seinem wunderbaren Licht.

22. Das Kind Gottes ist ein *Bürger des Himmels* geworden

(Philipper 3,20). Wenn schon auf Erden Menschen auf ihre Nationalität stolz sind, wievielmehr kann sich dann der Christ über die Tatsache freuen, daß seine wahre Heimat der Himmel ist, und daß er hier und jetzt ein Botschafter des Königs aller Könige, des Herrn aller Herren sein darf (2. Korinther 5,20).

23. Der Gläubige ist *dazu ausersehen, mit Christus verherrlicht zu werden.* Von allen seinen Segnungen ist dies vielleicht die erstaunlichste. Jedes Kind Gottes ist dazu bestimmt, mit Christus und wie Christus zu sein – auf ewig! Die Ehre, die Gott dem Herrn Jesus für Sein wunderbares Erlösungswerk als Belohnung gegeben hat, diese Ehre teilt der Herr Jesus mit Seinem Volk (Johannes 17,22). Diese Wahrheit ist so wunderbar, daß menschliche Worte sie nicht zu beschreiben vermögen. Aber sie macht Menschen zu Anbetern!

24. Der Christ wird *eines Tages öffentlich als ein Sohn Gottes dargestellt werden* (1. Johannes 3,2). Die Welt versteht ihn nicht in der gegenwärtigen Zeit. Sie schätzt ihn nicht. Sie weiß auch nicht, wer er wirklich ist. Doch wenn Christus in Macht und großer Herrlichkeit zurückkehrt, dann wird auch Sein Volk mit Ihm zurückkehren. Ein staunendes Universum wird dann erkennen, daß die Christen, die man ehemals verspottete, in Wirklichkeit die Söhne Gottes waren.

Dies sind nur einige wenige jener kostbaren Reichtümer, die Gott für die bereitet hat, die Ihn lieben. Durch alle Ewigkeiten hindurch wird Er durch Christus Seinem Volk den überschwenglichen Reichtum Seiner Gnade enthüllen (Epheser 2,7). Denke einmal darüber nach! Gott selbst wird alle Ewigkeiten benötigen, um die Schätze jener gewaltigen Reichtümer zu offenbaren, die Er für Seine Kinder bereitet hat.

Bis dahin ist das beste, was wir tun können, mit dem Apostel Paulus zu sagen: „Gepriesen sei der Gott und Vater unseres Herrn Jesus Christus, der uns gesegnet hat mit jeder geistlichen Segnung in den himmlischen Örtern in Christo“ (Epheser 1,3).

Gewißheit

Ist es nun möglich, jetzt schon zu wissen, ob man errettet und auf dem Wege zum Himmel ist?

Bei der Beantwortung dieser Frage muß zuallererst herausgestellt werden, daß eine solche Heilsgewißheit unmöglich wäre, wenn die Erlösung durch Werke geschähe. Keiner könnte sicher sein, daß er genug gute Werke oder die rechte Art von guten Werken geleistet hätte. Und falls sein Heil auf der Fortführung eines vollkommenen Lebens beruhen würde, könnte er nie sicher sein, dieser Forderung fortgesetzt zu entsprechen.

Diejenigen, die glauben, daß die Errettung von ihrem persönlichen Charakter oder ihren guten Werken abhängig ist, lassen diese Tatsache unweigerlich in ihren Werken sichtbar werden. Wenn man einen Menschen mit dieser Haltung fragt, ob er errettet sei, so wird er wahrscheinlich antworten: „Ich arbeite daran." In anderen Worten, er denkt, daß er sich das Heil *verdienen* muß oder nicht, daß er es als eine *freie Gabe empfangen* darf.

Nun fragt man einen anderen: „Wirst du einmal in den Himmel kommen?" Er erwidert: „Das weiß ich erst, wenn ich gestorben bin." Er lebt in der Vorstellung, daß Gott seine guten und schlechten Taten gegeneinander abwägt und seine Bestimmung sich dann nach der schwereren Waagschale richten würde.

Dann fragt man einen dritten Mann und er antwortet: „Ich hoffe es" oder „ich denke schon" oder „ich bin so gut wie andere". Alle diese Antworten zeigen, daß man bestrebt ist, sich Gottes Gunst zu verdienen; man hat jedoch keine feste Heilsgewißheit.

Da aber unsere Errettung auf der Grundlage der Gnade geschieht, kann man tatsächlich wissen, ob man errettet ist – und dies mit vollster Gewißheit.

„Darum ist es aus Glauben, auf daß es nach Gnade sei, damit die Verheißung dem ganzen Samen fest sei" (Römer 4,16a).

Der einzige Weg, auf dem Gott der Menschheit eine feste Errettung schenken konnte, war durch die Gnade, mittelst des Glaubens.

Errettung durch Gnade bedeutet, daß alles auf Gott beruht und nichts von uns Menschen abhängig ist. Wenn aber alles ausschließlich auf Gott beruht, dann gibt es kein Versagen.

Errettung durch Gnade bedeutet, daß das ewige Leben ein Geschenk ist. Und wenn jemand ein Geschenk annimmt, dann weiß er genau, daß er es bekommen *hat.* Da gibt es keinen Raum für irgendwelche Zweifel.

Errettung durch Gnade gründet sich auf das vollbrachte Werk Christi. Da Er das Werk bereits vollbracht hat, muß es der Mensch nicht erst noch vollbringen; er nimmt einfach an, was Christus für ihn getan hat.

Paulus wußte, daß er errettet war. Er sagte: „Ich weiß, wem ich geglaubt habe und bin überzeugt, daß er mächtig ist, das ihm von mir anvertraute Gut auf jenen Tag zu bewahren" (2. Timotheus 1,12). Siehe auch Titus 3,5.

Auch die Gläubigen in Ephesus wußten, daß sie errettet waren, denn Paulus schrieb ihnen: „Durch die Gnade seid ihr errettet, mittelst des Glaubens“ (Epheser 2,8).

Tatsächlich werden in den Briefen des Neuen Testaments auch alle Gläubigen als solche angesprochen, die bereits errettet sind und diese Tatsache auch wissen.

Jenen, die zaudernd die Meinung vertreten, daß die Errettung doch irgendwie mit guten Werken verbunden sein müsse, erscheint es eine Anmaßung, wenn ein Christ von sich sagt, daß er errettet ist. In der Tat, wenn die Errettung auch nur im geringsten auf dem beruhen würde, was ein Mensch in sich selbst ist oder was er getan hat, dann wäre es wirklich eine unerhörte Vermessenheit, zu sagen, man habe ewiges Leben.

Da aber die Errettung aus Gnade ist, handelt es sich hier nicht um Vermessenheit. Dwight L. Moody, der bekannte amerikanische Evangelist, war sich dessen bewußt, als er sagte: „Ich schäme mich nicht, zu sagen, daß ich ein bekehrter Mensch bin; dies ist nicht mein Verdienst!“

Es sind vielmehr diejenigen, die der Vermessenheit schuldig werden, die leugnen, daß man seiner Errettung gewiß sein könne. Sie nehmen sich nämlich heraus, Gott zu widersprechen. Er sagte, daß man dies *wissen* könne (1. Johannes 5,13). Sie aber sagen, es sei nicht möglich und machen dadurch Gott zu einem Lügner (1. Johannes 5,10).

Wodurch kann dann aber ein Christ wissen, ob er ewiges Leben hat? Wie kann er dessen gewiß sein, daß er errettet worden ist?

Die Antwort lautet in aller Kürze: Die Heilsgewißheit kommt durch das geschriebene Wort Gottes.

Wir wollen es genauer erklären. Als Gott das Evangelium der Gnade in Seinem Herzen bewegte, da wünschte Er, daß diejenigen, die Seinem Sohne vertrauten, ohne den geringsten Schatten von Zweifel wüßten, daß sie vom Tode zum Leben durchgedrungen waren. Wie konnte Er dies am besten erreichen? Was wäre das Zuverlässigste in diesem Universum, auf das die Heilsgewißheit gegründet werden könnte?

Das Zuverlässigste und Allergewisseste im ganzen Universum ist Gottes Wort. Wenn Gott etwas sagt, dann ist es auch wahr. Hier bleiben alle Irrtümer, Täuschungen und Verdrehungen ausgeschlossen. Himmel und Erde werden vergehen, doch Sein Wort wird nicht vergehen (Markus 13,31). Es ist festgestellt auf ewig. Er bleibt sich selbst und Seinen Verheißungen treu. Es ist unmöglich, daß jemals einer enttäuscht sein wird, der Ihm vertraut hat!

Aus diesem Grunde entschied sich Gott, uns diese Gewißheit durch Sein Wort, die Bibel, zu schenken. In der Bibel hat Er uns die schriftliche Garantie gegeben, daß jeder, der an den Sohn Gottes glaubt, ewiges Leben hat.

„Dies habe ich euch geschrieben, auf daß ihr *wisset,* daß ihr ewiges Leben habt, die ihr glaubet an den Namen des Sohnes Gottes“ (1. Johannes 5,13).

Mit anderen Worten, die Bibel wurde durch Gott gegeben, so daß alle, die an Christus glauben, wissen können, daß sie errettet sind.

Wenn man sich Jesus Christus als dem Herrn und Heiland anvertraut hat, dann darf man wissen, daß man ewiges Leben hat. Wodurch kann man es wissen? Weil Gott es in Seinem Wort so sagt. Nichts könnte gewisser sein als dies.

Bei vielen Menschen liegt aber die Schwierigkeit darin, daß sie sich betreff der Heilsgewißheit ganz auf ihre Gefühle verlassen. Sie meinen, daß sie geheimnisvolle Gefühlsregungen erleben würden, wenn sie sich Christus anvertrauen. Sie denken, daß ein warmes Glühen ihren Körper durchströmen müßte. Sie erwarten so etwas wie elektrische Impulse, die in ihrem Innern Freudenglocken erklingen lassen. Wenn dies dann nicht eintrifft, denken diese armen Leute, daß sie gar nicht errettet seien.

Sie sollten sich aber vergegenwärtigen, daß die Bibel nie davon spricht, daß man seine Errettung *fühlen* sollte. Sie halten nach etwas Ausschau, das Gott niemals versprochen hat.

Sie sollten sich vor Augen halten, daß Gefühle ein ganz unzuverlässiger Führer sind, da sie sich von Stunde zu Stunde verändern können. Eine Heilsgewißheit, die auf einem solch unsicheren Fundament ruhen würde, würde zu Unrecht als solche bezeichnet werden.

Sie sollten sich weiter im klaren sein, daß, wie Dr. Scofield es einmal ausgedrückt hat, die Rechtfertigung durch Gott selbst geschieht und nicht durch das Nervensystem des Gläubigen. Sie ist eine Tatsache, die im Himmel festgestellt ist und nicht durch irgendwelche Gefühlsregungen im menschlichen Körper erzeugt wird.

Natürlich stimmt es auch, daß einer Bekehrung oft freudige Gefühle nachfolgen. Wer von uns würde sich nicht glücklich fühlen bei dem Wissen, errettet zu sein? Der springende Punkt ist aber der, daß es nicht etwa diese freudigen Gefühle sind, die uns sagen, daß wir errettet sind; es ist vielmehr so, daß das Wissen um unsere Errettung uns so glücklich werden läßt, das Wissen, das auf dem unveränderlichen Wort Gottes beruht.

Es waren nicht freudige Gefühle, die dem Schächer am Kreuze die Gewißheit schenkten, errettet zu sein. Nein, sein Körper war durch und durch von Schmerzen gepeinigt. Er wußte es dadurch, daß er Christus sagen hörte: „Heute wirst du mit mir im Paradiese sein" (Lukas 23,43). Seine Gewißheit gründete sich ganz auf das Wort des Herrn.

Der einzige Unterschied zwischen ihm und den Gläubigen in der heutigen Zeit besteht darin, daß wir die Stimme Jesu nicht laut hörbar vernehmen. In unserer Zeit schenkt Gott die Heilsgewißheit durch Sein geschriebenes Wort, die Bibel.

Natürlich vermittelt uns nicht nur Gottes Wort diese Gewißheit des Heils. Sobald wir im Glaubensleben wachsen, finden wir weitere Bestätigung dieser Gewißheit in:

1. Liebe zu unseren Geschwistern in Christus (1. Johannes 3,14),
2. einer neuen Abscheu gegenüber der Sünde (Matthäus 6,13),
3. einem neuen Verlangen nach Heiligkeit (1. Johannes 2,3),
4. einem Durst nach dem Wort Gottes (1. Petrus 2,2),
5. einem Bewußtsein um die Führungen Gottes usw. (Römer 8,14).

Aber in dem Augenblick, wo sich ein Mensch dem Herrn Jesus anvertraut, darf er mit Bestimmtheit wissen, daß er errettet ist, weil die Bibel, Gottes Wort, es so sagt.

Ewige Sicherheit

Wir stehen nun vor der überaus wichtigen Frage, ob die Errettung für ewige Zeiten Gültigkeit hat, oder ob ein Kind Gottes wieder verloren gehen kann.

Es gibt Leute, die überzeugt sind, daß ein wirklich erretteter Mensch nie mehr verloren gehen kann.

Andere wiederum finden, daß dies eine sehr gefährliche Lehre sei, die manchen Christen zu einem Leben in der Sünde ermutigen würde. Sie erklären, daß die Errettung eines Menschen letzten Endes davon abhängt, wie er lebt, und daß durch Sündigen das ewige Leben verwirkt werden könnte.

Wenn jemand das Evangelium der Gnade Gottes jedoch wirklich versteht, so wird er sofort sehen, daß der erstgenannte Standpunkt der richtige ist. Jeder, der wahrhaft errettet ist, ist auf ewig errettet und kann nicht mehr verloren gehen.

Im folgenden sollen nun einige Schriftstellen angeführt werden, die lehren, daß der Gläubige für ewig sicher sein kann.

1. Zunächst wurde jedes Kind Gottes bereits vor Grundlegung der Welt in Christus auserwählt (Epheser 1,4). Diese Erwählung und Vorherbestimmung durch den himmlischen Vater bürgen für die schließliche Errettung des Sünders und seine ewige Bewahrung (Römer 8,30). Siehe dazu auch Johannes 6,37.

2. Die Errettung beruht niemals auf dem, was wir für Gott tun, sondern ausschließlich auf dem, was Er für uns getan hat. Sie beruht auf dem vollbrachten Werk des Herrn Jesus am Kreuz. Dies war ein vollkommenes Werk; durch dieses Opfer hat Er die Seinigen auf immerdar vollkommen gemacht (Hebräer 10,14). Seinem Werk ist nichts mehr hinzuzufügen (Hebräer 10,18). Wer also die ewige Sicherheit des Gläubigen in Frage stellt, streitet dadurch das völlige Ausreichen des Sühnopfers Jesu Christi ab. Die Annahme des Gläubigen durch Gott beruht allein auf Christus und nicht auf der Persönlichkeit des Gläubigen. Sie ist so ewig wie Christus selbst.

3. Gott wußte schon alles über uns, bevor Er uns errettete. Er wußte um alle unsere Sünden, die wir jemals begehen würden; und trotzdem errettete Er uns. Als der Herr Jesus starb, starb Er für alle unsere Sünden, die vergangenen, die jetzigen und die zukünftigen. Aus diesem Grunde ist die Strafe für sämtliche Sünden bereits einmal bezahlt worden. Gott wird die Bezahlung nicht zweimal verlangen, erst aus der Hand Christi und dann nochmals aus den Händen der Gläubigen. Das wäre ungerecht; doch Gott kann nicht ungerecht handeln.

4. Wie wir zuvor schon gesehen haben, ist Errettung ein Geschenk. Gott schenkt nicht heute etwas, um es dann am nächsten Tag wieder zurückzunehmen. „Die Gnadengaben und die Berufung Gottes sind unbereubar" (Römer 11,29).

5. Die Errettung wird als eine Geburt angesehen (Johannes 3,3). Wenn ein Mensch errettet ist, dann ist

er wiedergeboren oder „von oben" geboren. Er ist hinfort ein Kind Gottes (Johannes 1,12). Eine Geburt ist endgültig, denn sobald sie einmal stattgefunden hat, kann sie nicht mehr rückgängig gemacht werden. So mag ein Kind zwar seinen Vater betrüben oder gar verunehren, das Verwandtschaftsverhältnis bleibt aber trotzdem bestehen.

Genauso verhält es sich auch mit der Wiedergeburt. Ein Christ mag sündigen und das Herz Gottes betrüben, doch Gott bleibt sein Vater. Dies wird in 1. Johannes 2,1 ganz klar zum Ausdruck gebracht: „. . . und wenn jemand gesündigt hat – wir haben einen Sachwalter bei dem Vater . . ." Er ist und bleibt unser Vater, selbst wenn wir sündigen. Sünde unterbricht zwar die *Gemeinschaft* mit Gott, nie aber das enge Verhältnis der *Kindschaft.*

6. So wenig wie sich ein Gläubiger selbst erretten konnte, genauso wenig kann er sich selbst darin bewahren. Als die Galater dies zu tun versuchten, fragte sie der Apostel Paulus: „Seid ihr so unverständig? Nachdem ihr im Geiste angefangen habt, wollt ihr jetzt im Fleische vollenden?" (Galater 3,3).

7. Gott hat einen zu hohen und kostbaren Preis für Sein Volk bezahlt, um es je wieder aufgeben zu können. Er errettete uns, als wir Seine Feinde waren. Wird Er uns jemals wieder fallenlassen, nachdem wir Seine Kinder geworden sind? „Denn wenn wir, da wir Feinde waren, mit Gott versöhnt wurden durch den Tod seines Sohnes, vielmehr werden wir, da wir versöhnt sind, durch sein Leben gerettet werden" (Römer 5,10).

8. Gott verspricht dem Gläubigen ewiges Leben. Wie lange ist ewig? – Es ist immerwährend. „Ich gebe ihnen ewiges Leben, und sie gehen nicht verloren ewiglich“ (Johannes 10,28). Siehe auch Johannes 3,16; 3,36; 6,47. Gott wird niemals von Seinem Versprechen zurücktreten.

9. Nach Römer 8,30 werden alle, die gerechtfertigt worden sind, auch verherrlicht werden. Verherrlicht zu werden bedeutet, in den Himmel aufgenommen zu werden, einen neuen Leib zu erhalten, und dann auch auf immerdar von der Gegenwart der Sünde befreit zu werden. Das Verherrlichtwerden des Gläubigen ist so gewiß, daß Gott schon jetzt davon spricht, als ob es bereits geschehen wäre: „. . . welche er aber gerechtfertigt *hat,* diese *hat* er auch verherrlicht.“

10. Die Errettung ist eine Handlung, die Gott selbst für Seine Kinder durchführt. Er verspricht nicht nur zu erretten, sondern auch zu bewahren (2. Timotheus 1,12).

    „Der, welcher ein gutes Werk in euch angefangen hat, wird es vollführen bis auf den Tag Jesu Christi“ (Philipper 1,6).

    „Dem aber, der euch ohne Straucheln zu bewahren und vor seiner Herrlichkeit tadellos darzustellen vermag . . .“ (Judas 24).

11. Die Bewahrung des Gläubigen wird verbürgt durch das jetzige Amt des Herrn Jesus, der sich zur Rechten Gottes als Hohepriester und Fürsprecher für die Seinen verwendet.

In Johannes 17,1-26 betete Christus um die Bewahrung der Seinigen.

Hebräer 7,25: „ . . . indem er immerdar lebt, um sich für sie zu verwenden."

1. Johannes 2,1: „Wir haben einen Sachwalter (Fürsprecher) bei dem Vater, Jesum Christum, den Gerechten."

12. Nichts kann den Gläubigen jemals von der Liebe Gottes scheiden – „weder Tod noch Leben, weder Engel noch Fürstentümer, weder Gegenwärtiges noch Zukünftiges, noch Gewalten, weder Höhe noch Tiefe, noch irgendein anderes Geschöpf wird uns zu scheiden vermögen von der Liebe Gottes, die in Christo Jesu ist, unserem Herrn" (Römer 8,38.39).

13. Der Heilige Geist wird auf *immerdar* in dem Gläubigen wohnen. „Er wird euch einen anderen Sachwalter geben, daß er bei euch sei in Ewigkeit" (Johannes 14,16.17). Siehe auch 1. Johannes 2,27.

14. Der Gläubige ist auch durch den Heiligen Geist versiegelt bis auf den Tag der Erlösung (Epheser 4,30). Der Heilige Geist ist das „Unterpfand unseres Erbes bis zur Erlösung des erworbenen Besitzes" (Epheser 1,13.14). Das stellt Seinen Dienst am Kind Gottes sicher, bis es in den Himmel eingegangen ist.

Aus all dem Angeführten sollte klar hervorkommen, daß der Christ „durch Gottes Macht durch Glauben bewahrt wird zur Errettung, die bereit ist, in der letzten Zeit geoffenbart zu werden" (1. Petrus.1,5).

Zu sagen, daß dies eine gefährliche Lehre sei, zeigt einen Mangel an Verständnis für die Bedeutung der Gnade. Dies erzeugt dann auch die irrige Idee, daß sobald jemand errettet ist, er ein starkes Verlangen nach Ehebruch, Mord und anderen bösen Sünden hat; und daß – wenn ihn nicht die Furcht vor Bestrafung zurückhält – er diese Dinge tatsächlich tun wird.

Wie verhält es sich nun in Wirklichkeit damit? Die Tatsachen sind folgende:

1. Anstatt die Menschen zur Sünde zu ermuntern, gibt die Lehre von der ewigen Sicherheit vielmehr die kräftigsten Argumente, die Sünde zu fliehen. Das Wissen, daß Gott uns ein so volles, freies und ewiges Heil geschenkt hat, erweckt nämlich in dem Gläubigen den Wunsch, Gott zu dienen in Ewigkeit.

   Die Liebe ist eine viel stärkere Antriebskraft als die Furcht vor Bestrafung. Aus Liebe heraus werden Menschen tun, was sie aus Furcht nie tun würden. Liebe bindet das Herz wie nichts anderes sonst. „Es ist nicht notwendig, Menschen in fortwährender Furcht vor der Verdammnis zu belassen, damit sie sich ordentlich betragen. Die vornehmste und stärkste Voraussetzung für den Gehorsam ist die Liebe. Ein Empfinden der Liebe Gottes wird in uns das Verlangen wachsen lassen, Ihm zu gefallen" – Robinson.

   Nicht deshalb lebt der Christ ein geheiligtes Leben, um seine Errettung abzusichern, sondern aus Liebe zu seinem Heiland, der ihn so teuer erkauft hat. Ihm ist es ein größeres Vergehen, gegenüber der Gnade zu sündigen, als gegenüber dem Gesetz.

2. Sobald ein Mensch errettet ist, erhält er auch eine neue Natur (2. Petrus 1,4). Anstatt ein starkes Verlangen nach der Sünde zu haben, haßt nun der Christ die Sünde wie niemals zuvor.

   Diese neue Natur bewirkt nicht nur eine Abscheu gegenüber der Sünde, sie läßt den Gläubigen auch zutiefst unglücklich werden, wenn er sündigt. Die Gemeinschaft mit seinem himmlischen Vater unterbrochen zu haben, ist eine der größten Tragödien im Leben eines Christen. Man empfindet eine tiefe Scham, daß man sich in Dinge eingelassen hat, die den Tod des Heilandes mitverursachten. Man erfährt die Züchtigung eines liebenden, himmlischen Vaters. Es bedeutet aber auch einen Verlust an Belohnung vor dem Richterstuhl Christi (1. Korinther 3,15). Die volle Gemeinschaft mit dem Herrn wird erst dann wieder hergestellt, wenn der irrende Christ seine Sünde bekennt und läßt.

Natürlich kann es auch vorkommen, daß ein Mensch vorgibt, errettet zu sein und trotzdem in Sünde lebt. Nicht, daß er etwa nur gelegentliche Sünde begeht, sondern daß er bewußt in einem Leben der Sünde verharrt. Hier handelt es sich dann aber nicht darum, daß ein Mensch errettet war und später wieder verloren ging. Dieser Mensch beweist vielmehr durch sein Verhalten, daß er in Wirklichkeit niemals errettet war. Hier handelt es sich um das unwahre Lippenbekenntnis eines Menschen, der die Gnade Gottes in seinem Leben nie wirklich erfahren hat.

Denjenigen aber, die sich dem lebendigen und liebenden Heiland anvertraut haben, gilt die felsenfeste Verheißung Gottes, daß Er sie sicher ins Vaterhaus führen wird.

In vollster Glaubenszuversicht dürfen sie für sich in Anspruch nehmen:

„In Ewigkeit wird mein Name nicht ausgelöscht werden
aus Seinen Handflächen.
Mein Name bleibt in Sein Herz hineingeprägt
mit dem Stempel der unvergänglichen Gnade.
Ja, ich werde bestehen bis ans Ende
im Bewußtsein der gleichen ewigen Gewißheit
wie die, die zwar glücklicher,
aber nicht sicherer sind als ich –
nämlich den Seelen der Heiligen im Himmel."

„Stark ist meines Jesu Hand,
und Er wird mich ewig fassen;
hat zu viel an mich gewandt,
um mich wieder loszulassen.
Mein Erlöser läßt mich nicht;
das ist meine Zuversicht.

Seiner Hand entreißt mich nichts;
wer will diesen Trost mir rauben?
Mein Erbarmer selbst verspricht's
sollt ich Seinem Wort nicht glauben?
Jesus läßt mich ewig nicht;
das ist meine Zuversicht."

Die Antwort der Menschen auf die Gnade Gottes

Wenn einem Menschen wirklich bewußt wird, was die Gnade Gottes für ihn getan hat, dann ändert dies sein ganzes Leben. Er wird niemals mehr der gleiche sein.

Er ist zuerst einmal betroffen von dem Bewußtsein seiner eigenen Unwürdigkeit. Es erscheint ihm fast unglaublich, daß Gott einem solchen Sünder solche Freundlichkeit erzeigen kann. Sein Erstaunen kämpft darum, sich Ausdruck zu verschaffen:

„Wie kannst du so wohlwollend an mich denken
und dennoch der Gott sein, der du bist?
Meinem Verstand bleibt das verschlossen;
doch meinem Herzen ist es Sonnenschein!"

Er sagt in den Worten Ruths, mit denen sie sich an Boas wandte: „Warum habe ich Gnade gefunden in deinen Augen, daß du mich beachtest, da ich doch eine Fremde bin?" (Ruth 2,10).

Oder er ruft mit David aus: „Wer bin ich, Herr, mein Gott, und was ist mein Haus, daß du mich bis hierher gebracht hast? Und dies ist noch ein Geringes gewesen in deinen Augen, Herr! und du hast auch von dem Hause deines Knechtes geredet in die Ferne hin . . ." (2. Samuel 7,18.19).

Oder er entlehnt die Worte Mephiboseths gegenüber David: „Was ist dein Knecht, daß du dich zu einem toten

Hunde gewandt hast, wie ich einer bin?“ (2. Samuel 9,8).

Oder er hält es wie jener Hauptmann, der demütig bekannte: „Herr, ich bin nicht würdig, daß du unter mein Dach tretest“ (Matthäus 8,8).

Auf alle Fälle aber ist er überwältigt von dem unbegreiflichen Wunder, daß gerade er persönlich eingeladen werden sollte zu dem Hochzeitsfest des großen Königs:

„Mit bewundernden Augen und Herzen
kommen wir herbei zu dem Fest.
Jeder von uns ruft mit dankbarem Herzen
– Herr, warum bin gerade ich Dein Gast?

– Weil Du, als ich Dich rief zum Mahl,
eintratst, und hast Platz genommen.
Aber Tausende treffen tödliche Wahl
lieber zu verderben als zu kommen.“

Verbunden mit dem Bewußtsein der persönlichen Unwürdigkeit ist zugleich auch die tiefe Überzeugung vom äußersten Wert des Herrn Jesus. Derjenige, der die Gnade Gottes erfahren hat, fällt unwillkürlich auf seine Knie und erkennt an, daß alle Ehre Ihm gehört. Er gibt seiner äußersten Unfähigkeit Ausdruck, das, was er hinsichtlich des Wertes seines Herrn und Retters empfindet, in Worten auszudrücken. Doch sein Herz ist erfüllt mit Lob, Dank und Anbetung:

„Gottes Sohn! – Anbetend schauen
wir in Dir des Vaters Bild,
Gottes Herrlichkeit und Gnade,
Seine Liebe unverhüllt.

Staunend beugen wir uns nieder,
singen Dir, dem Herrn der Welt,
der das ganze All erhält,
unsre Lob- und Dankeslieder;
preisen mit der Schöpfung laut
Dich, o Herr, der sie erbaut.

Gottes Lamm! – Du kamst hernieder
aus des Vaters Herrlichkeit;
schrittest durch die Welt der Sünde,
Segen spendend, Gott geweiht.
Littest stille, ohne Klagen,
ließest Dich für unsre Schuld –
o der wunderbaren Huld! –
willig an das Fluchholz schlagen.
Dank Dir, teures Opferlamm,
Gottes Sohn am Kreuzesstamm!

Gottes Lamm! – Jetzt weilst Du droben
ruhmgekrönt auf Gottes Thron;
siegreich hast Du überwunden
Satans Macht und Menschenhohn.
Jauchzend singen heilge Chöre,
seit das große Werk vollbracht:
Dir, dem Lamme, sei gebracht
Macht und Herrlichkeit und Ehre!
Und wir stimmen freudig ein:
Du bist würdig, Du allein!"

Rudolf Brockhaus (1856-1932)

Zu diesem Herzensverlangen, den Herrn anzubeten, kommt noch etwas hinzu: Als unausweichliche Folgerung erkennt der Gläubige, daß es das einzig Denkbare ist, sich diesem Herrn ganz zu schenken – mit Geist, Seele und Leib.

Er greift nach den Worten des Apostels Paulus: „Die Liebe des Christus drängt uns, indem wir also geurteilt haben, daß einer für alle gestorben ist, und somit alle gestorben sind. Und er ist für alle gestorben, auf daß die, welche leben, nicht mehr sich selbst leben, sondern dem, der für sie gestorben ist und ist auferweckt worden“ (2. Korinther 5,14.15).

Er sieht, daß die Gnadenerweise Gottes seinen Leib fordern als ein „lebendiges, heiliges, Gott wohlgefälliges Schlachtopfer“, weil dies sein vernünftiger Dienst ist (Römer 12,1.2). Er wird sich bewußt, daß er, weil er erkauft worden ist, nun nicht mehr länger sich selbst gehört. Darum spricht er wie der hebräische Knecht: „Ich liebe meinen Herrn . . . ich will nicht frei ausgehen“ (2. Mose 21,5).

Augen, die die Gnade Gottes erblickt haben, kann kein Opfer mehr zu groß erscheinen. Der Herr ist aller Dinge wert, die ein Christ nur geben kann: seiner Verstandeskräfte, Begabungen und Fähigkeiten, seiner Jugend, seiner Zeit, seines ganzen Lebens. Selbst Leiden werden angesichts Golgatha als ein Vorrecht angesehen. Ein Christ, der von der Gnade Gottes erfaßt worden ist, bittet:

„Gib mir jene heiße Liebe,
die nicht viel von Opfer spricht:
Aber die aus reinem Triebe
scheut die schwersten Opfer nicht.“

Die Gnade Gottes berührt dann auch das Bankkonto eines

Menschen. Jetzt wird es dem Gläubigen vielleicht zum erstenmal richtig bewußt, daß seinem Herrn wirklich alles gehört. Nun heißt es bei ihm nicht mehr länger: „Wieviel *muß* ich geben?“ sondern vielmehr: „Wieviel *kann* ich geben – für den Herrn und Sein Werk?“

„Nichts, was ich hab’,
will ich mehr stolz mein eigen nennen.
Ich halte es bereit – dem Geber aller Gaben.
Mein Hab und Gut, mein Leben, meine Zeit,
ja, alles, was ich hab’ – Ihm sei es ganz geweiht!“

Ein Herz, das mit Dank gegen Gott überfließt, wird nie damit zufrieden sein, nur soviel zu geben, wie es ihm leichtfällt, sondern vielmehr entscheiden: „Ich will meinem Herrn nicht opfern, was mir ohnehin nichts abverlangt“ (siehe 2. Samuel 24,24).

„Wie könnt’ ich, Herr, die besten Jahre meines Lebens
Dir vorenthalten, mein Herz, mein Geld und meine Kraft?
Wie sollte ich ein wertvoll Ding für mich behalten,
da Du Dich selbst, Dein Leben für mich gabst?“

Ein weiteres Ergebnis der Gnade Gottes im Leben eines wiedergeborenen Menschen ist das gottgewirkte Verlangen nach Heiligkeit. Die Gnade Gottes unterweist ihn, daß er die Gottlosigkeit und die weltlichen Lüste verleugnend, besonnen und gerecht und gottselig leben sollte in diesem gegenwärtigen Zeitlauf (Titus 2,12). Die Erinnerung an den hohen Preis, den der Heiland für seine Sünden bezahlen mußte, läßt ihn mit einer neuen Leidenschaft die Sünde hassen. Anstatt zur Sünde zu ermutigen, wie einige behaupten, läßt ihn die Gnade Gottes die Sünde vielmehr fliehen wie nie zuvor.

Noch mehr, die Gnade Gottes gegenüber einem Sünder läßt diesen Menschen unvermeidlich auch zum Missionar werden. Er kann sich seinen Mitmenschen gegenüber nicht mehr länger gleichgültig verhalten. Er hat ein starkes Gefühl der Verpflichtung ihnen gegenüber (Römer 1,14).

Es ergreift sein Herz, daß Menschen, die Sieger und Überwinder sein sollten, noch immer in Ketten Satans gebunden sind. Das Wort aus Sprüche 24 Vers 11 packt ihn: „Errette, die zum Tode geschleppt werden, und die zur Würgung hinwanken, o halte sie zurück!"

Die Gnade Gottes macht aus einem Menschen nicht nur einen Missionar, sie macht ihn auch zu einem Freund des Wortes Gottes, der Bibel. Mit Erwartung wird er darangehen, um darin die Stimme seines geliebten Herrn zu hören. Er wird über ihren Seiten sinnen als einer, der nach verborgenen Schätzen sucht. Ihre Unterweisungen wird er mehr schätzen als seine leibliche Nahrung. Er wird sie durchforschen, um darin die Gedanken Gottes zu erfahren bezüglich seiner Gemeinde, des Volkes Israel, der Nationen und der Zukunft in der Schau der Propheten.

Die Gnade Gottes wird in einem Menschen schließlich auch das Verlangen erschaffen, mit Ihm Gemeinschaft zu haben im Gebet. Beten ist für ihn nicht länger eine uninteressante religiöse Pflichtübung, sondern ein gesegnetes Vorrecht. Er darf erfahren:

„Beter sind Wundervollbringer,
glauben mit Vollmacht am Thron,
Beter sind Weltenbezwinger,
königlich ist einst ihr Lohn!"

Schließlich wird die Gnade Gottes einem Menschen zu der Erwartungshaltung verhelfen, quasi „auf den Zehenspitzen stehend“ das Wiederkommen des Herrn zu erwarten. Die Gnade unterrichtet ihn darin, Ausschau zu halten nach der „glückseligen Hoffnung und Erscheinung der Herrlichkeit unseres großen Gottes und Heilandes Jesu Christi“ (Titus 2,13).

Eine lange Ewigkeit hindurch wird Gott dann den „überschwenglichen Reichtum seiner Gnade in Güte gegen uns erweisen in Christo Jesu“ (Epheser 2,7).

Das ist die Gnade Gottes! Selbst die Ewigkeit vermag dieses Thema nicht zu erschöpfen!

William MacDonald

Licht für den Weg

CLV, gebunden,
382 Seiten, 18,– DM

Der bekannte Autor von »Wahre Jüngerschaft« und weiteren wertvollen Schriften hat aus einer reichen Lebenserfahrung im Dienst für den Herrn dieses wertvolle Andachtsbuch geschrieben.

Die erfrischenden, sehr lebensnahen Betrachtungen schöpfen aus dem Reichtum des Wortes Gottes und möchten Kraft und Wegweisung für die tägliche Nachfolge Jesu geben.

Werner Gitt

Fragen die immer wieder gestellt werden

CLV-Taschenbuch
160 Seiten, DM 3.80

Wer sich mit dem christlichen Glauben zu beschäftigen beginnt, stößt auf zahlreiche Einzelfragen, die sich bei nahezu jedem Suchenden mit auffälliger Häufung wiederholen.

So war es naheliegend, die Antworten in möglichst knapper, aber hinreichender Form einmal zusammenzutragen. Allen in diesem Buch behandelten Fragen ist gemeinsam, daß sie wirklich erfragt wurden. So gibt das vorliegende Buch keinen von „insidern" erwarteten Fragen-Querschnitt durch die Bibel wieder, sondern versucht, jene Probleme ernst zu nehmen, die Zweifler, Fragende und Suchende bewegen. Es handelt sich somit nicht um eine Sammlung spitzfindiger theologischer Fragestellungen oder einer theoretischen am „grünen Tisch" erstellten Liste, sondern um Grundfragen suchender Leute, die sich aus der Praxis der Vortragstätigkeiten des Verfassers ergeben haben. Gelegentlich wurden auch originelle Einzelfragen aufgegriffen.